KB152549

직장인 10년차

김현정 지음

한국경제신문

당신의 '미래'는 당신이 결정한다

지금 이 책을 들고 있는 당신의 나이는 30대이거나 40대 초반일 것이다. 20대 초반의 나이에 일찍 직장생활에 뛰어든 사람이라면 30대 초반의 나이가 돼 있을 터이고, 이런저런 이유로 20대 후반이나 30대에야 뒤늦게 직장생활을 시작한 사람이라면 30대 후반이거나 40대 초반이 됐을 것이다.

대한민국 직장인 10년차. 10년 정도 경력이라면 자신이 해온 일에 대해서 프로급의 실력을 갖고 있을 게 분명하다. 특히 경제위기와 세계화라는 파고를 헤쳐왔기 때문에 생존 경쟁력 또한 남다를 것이다. 성실하게 돈을 모으고 재테크를 한 사람이라면 강남의 아파트는 못돼도 그럴 듯한 전셋집이나 조그만 '내

집'을 마련해 놓았을 것이다. 당신은 어떤가.

그런데 왠지 모를 불안감이 10년차들에게는 있다. 세상은 하루가 다르게 바뀌고 있고 변화를 재촉하는 말들만 많다. 무엇이 문제이고 어떻게 해결해야 하는 것일까?

10년 전만 해도 직장생활 10년차라는 것은 큰 의미가 없었다. 대기업일 경우 대리나 과장, 중소기업일 경우 과장이나 차·부장 정도의 직급을 가지고 있었고, 직장 내에서 허리 역할을 하며 부하직원들을 끌어주고 임원진을 잘 보좌하면 그만이었다. 미래에 대한 큰 부담도 없었고 부하직원들로 인해 크게 스트레스를 받는 일도 없었다.

그러나 상황은 변했다. 요즘 직장인에게 있어 10년차라는 것은 대단히 중요한 의미를 갖는다. 저성장, 고실업, 고령화라는 거역할 수 없는 사회적·경제적 거대 트렌드가 직장생활 10년차들을 고민과 갈등의 늪에 빠뜨리고 있다.

먼저 눈에 띄는 것이 조기에 주된 직장에서 밀려나야 하는 추세다. 회사는 정년을 보장해 주지 않을 것이고, 그래서 월급을 더 많이 준다는 회사가 나타나면 갈등하지 않을 수 없다. 약삭빠른 사람들은 연봉을 높여 직장을 옮겨가고 그것이 능력의 상징이 되기도 한다.

두번째 위협 요소는 회사에 새로 들어오는 신입사원이나 외부에서 영입된 경력사원들이 탁월한 능력을 보인다는 점이다. 예전 같으면 자신의 노하우를 신입사원들에게 일방적으로 가르쳐주면 되었던 상황이 이제는 오히려 나이가 어리거나 직급이 낮은 사원에게도 새로운 지식을 배우고 흡수해야 하는 상황으로 바뀌었다. 파워포인트나 엑셀을 포함해 새로운 정보기기들을 다루는 것은 경력만으로 안 되는 일이다. 나이와 직급을 떠나 누구에게라도 배울 자세가 돼 있지 않으면 직장을 언제든 잃을 수도 있다.

마지막으로 결정적인 것은 고령화와 관련된다. 통계청이 2004년 12월 20일 발표한 '2002년 생명표 작성결과'에 따르면 2002년 기준 남성의 평균수명은 73.38세, 여성의 평균수명 또한 80.44세에 달했다. 문제는 앞으로가 더 심각하다는 것이다. 세계 최고의 고령화 속도를 자랑하는 우리나라는 2030년이면 남녀를 합친 평균수명이 80세를 웃돌 예상이다. 여성일 경우 남성보다 평균적으로 7~10년을 더 산다고 보면 90세에 육박할 수도 있다.

직장생활 10년차라면 이러한 상황이 걱정되지 않을 수 없다. 일할 수 있는 시간과 장소는 줄어드는데, 생존해야 하는 기간은 반대로 늘어나고 있기 때문이다. '앞으로 무얼 먹고 살 것인가'

가 나라나 기업의 화두가 아니라 바로 개인의 화두로 떠올랐다는 얘기다.

직장인 10년차가 가지고 있는 문제의 본질은 의외로 단순할지 모른다. '경제적 자유'가 그것이다. '경제적 자유'는 이제 회사도, 국가도, 친구도 도와주지 않는 문제다. 누구도 도와줄 수 없다. 모두들 자기 앞가림하기에도 바쁜 세태다. 그래서 경제적 자유를 쟁취하는 일은 온전히 스스로의 몫으로 남는다. 그런데 과학과 의학은 놀라운 발전 속도를 보이며 사람들의 평균수명을 기하급수적으로 늘리고 있다. 지금 당장의 경제적 자유를 달성하기도 어려운데, 은퇴 후 20~30년 동안 살아갈 돈까지 벌어놓아야 한단다. 참으로 기가 막힌 일이 아닐 수 없다.

상황이 이러하다면 현재의 상황을 냉철히 분석하고 미래에 대해 진지하게 고민한 후 철저한 계획을 마련하는 것이 막중한 과제다. 이 책은 바로 그런 목적을 위해 씌어졌다.

이 책의 주제를 한 문장으로 표현하자면 "자신이 잘 할 수 있는 일을 찾아 용기를 갖고 뛰어들어라"는 것이다. 여기서 '용기'란 다른 말로 '리스크(위험)'다. 재테크를 해본 사람은 알 것이다. 리스크를 감수하지 않고는 큰돈을 벌 수 없다. 그러나 용기는커녕 '자신이 잘 할 수 있는 일'이 무엇인지조차 모르는 사람들도 많다.

직장인 10년차라고 해도 예외는 아니다. 우연찮게 대학에 들어가, 우연찮게 직장을 잡고, 우연찮게 실력을 쌓아온 직장인 10년차들이 너무 많다. 우리 사회의 구조적 문제 때문에 어쩔 수 없는 일이다. 진실로 자신이 잘 할 수 있는 일이 무엇인지 묻지도 않았고, 그래서 잘 알지도 못한다.

《직장인 10년차》는 정답을 주는 책이 아니라, 정답을 찾는 방법을 가르쳐주는 책이다. 만약 이 책에서 제시하는 방법을 따라 실행에 옮기지는 못할지라도, 자기 자신에 대해 생각해 볼 시간을 갖게 된다면 이 책이 가진 의의는 달성된 것이라고 생각한다.

커리어 컨설턴트로서 젊은 '능력자'들을 많이 지켜봐온 저자가 뽑은 성공 DNA들이 곳곳에 녹아 있다. 새로운 10년, 20년을 도모하는 직장인 10년차들에게 이 책이 다시금 용기를 내고 포부를 다지는 계기가 되리라 믿는다.

한국경제신문 가치혁신연구소장

권 영 설

당신의 '출근'을 사랑하라

10년이면 강산도 변한다는 말은 분명 옛말이다. 이제 10년이면 전혀 다른 세계가 눈앞에 펼쳐진다. 직장생활 10년이라는 세월의 깊이와 부피. 내가 얼마나 오랜 시간의 강을 건너왔는지는 가늠하기 어려워도, 아직 숨결이 덥고 가쁜 걸 보면 내가 얼마나 오랫동안 앞만 보고 달려왔는지 짐작할 수 있을 듯하다.

지금껏 나는 왜 아침밥도 잊은 채 허둥지둥 출근길을 서두르고, 모두가 잠든 밤을 배경으로 터벅터벅 어두운 퇴근길에 홀로 섰던 것일까. 아내가 아이를 낳아도 곧바로 달려가지 못하고, 부모님을 찾아뵌 지도 얼마나 되었을까, 아득하다.

무한경쟁에서 살아남기 위해 때로는 남을 딛고 일어서고, 때로는 다른 사람에게 눌려가며 살아온 10년 세월. 이 책은 소설 몇 권은 충분히 풀어놓을 만한 기쁨과 슬픔, 성공과 좌절의 벅찬 기억들을 안고 오늘도 출근길에 나서는 대한민국 직장인들을 위한 소박한 얘기들을 담고 있다. 아울러 자신의 출근을 사랑하고, 자신의 일과 삶을 소중하게 여길 줄 아는 사람들의 깊은 지혜와 성찰을 담고자 노력했다.

직장인 10년차. 1부 리그는 막을 내렸다. 직장생활에 적응하지 못한 사람들은 또 다른 삶을 향해 뿔뿔이 흩어졌다. 청춘을 바친 일터에서 나는 무엇을 남겼는지, 그리고 앞으로 이를 어떻게 가꾸어나가야 할지 모색해야 할 2부 리그가 펼쳐지고 있다. 비슷한 실력과 근성을 가진 자들이 더욱 좁아지는 피라미드형 조직의 상층부를 향해 돌진한다. 경쟁에 지쳐 있을 수도 있고, 자조에 빠져 있을 수도 있고, 불안에 떨고 있을 수도 있다. 1부 리그가 '개인기량'을 향한 도전이었다면, 2부 리그는 팀워크와 리더십의 여정이다.

1부 리그에서 최선의 개인기량을 발휘하지 못했다 할지라도 결코 실망하거나 노여워하지 말라. 내 앞에 펼쳐진 2부 리그는 자신의 일만 잘 처리한다고 해서 좋은 평가를 받는 시대가 아니다. 후배들의 모범이 되어야 하고, 상사들의 신뢰를 받아야만 승리하는 다른 역할 모델이 더욱 강조된다. 리더로서 개인과 조직의 조화와 균형을 도모하고, 건전한 사생활에 바탕한 최상의 열정과 체력을 유지해야만 한다.

차범근 감독은 히딩크 감독보다 성공한 선수였지만, 감독 역할은 그렇지 못했다. 공만 잘 찬다고 해서 훌륭한 코치나 감독이 되는 것이 아니다. 훌륭한 축구선수인 홍명보씨가 훌륭한 축구 행정가를 꿈꾸며 미국행을 결심했을 때 우리는 알았다. 선수로서의 1부 리그와 리더로서의 2부 리그는 엄연히 다르다는 것을. 예전의 실력과 명성만 믿고 버티다가는 오히려 인생 역전을 꿈꾸며 열심히 달려온 2군 선수들에게 밀릴 수도 있다.

지금이 바로 그 변화를 시도하고, 다시 나를 다잡아야 하는 시기다.

이 책의 집필을 위해 만나본 성공 직장인 10년차들은, 한결같이 '자신의 일을 사랑한다'는 느낌을 주었다. 그 원동력이 무엇이건 간에, 우리가 연애를 하면서, 아이를 안으면서 느끼는 순수함이 그대로 묻어나고 있었다. 그들은 자신의 일을 진심으로 좋아하고, 부지런한 몸을 갖고 있었고, 돈보다는 가치와 사람을 먼저 선택해 왔다.

좌절했지만 결코 포기하지 않았으며, 실컷 울고 난 후 아무 일 없었다는 듯 툭툭 털고 다시 일어나 세상을 향해 똑바로 선 오뚝이와도 같았다.

자신의 성과에 대해서 자랑스러워하지만, 과거보다는 현재와 미래를 위해 쉬지 않는다. 거만하거나, 사람을 어렵게 하거나 계산하는 듯한 인상을 주기는커녕 매우 겸손하며, 자신의 얘기보다는 다른 사람의 말에 귀 기울이고, 상대방을 배려하고, 먼저 계산서를 집어들고는 카운터 앞에서 한참이나 유쾌한 승강이를 벌인다. 그런 그들이 무엇을 못 하랴.

그들은 업무에서만 프로페셔널이 아니라 인간적 매력 면에서도 타의 추종을 불허한다. 꾸준히 자기 발전을 위해 노력하고, 든든한 인맥으로 무장하고 있다. 하지만 이 같은 요소들은 늘 유동적이라는 사실에 결코 방심하지 않으며, 위기를 철저하게 기회로 만들 줄 아는 지혜와 성찰을 갖고 있다. 복잡한 버스와 지하철에 이리저리 몸과 마음을 부딪히면서도, 진정 자신의 '출근'을 사랑하는 사람들이었다.

이 책은 각별한 해법을 제시하지 않는다. 우리 주변에 평범하지만 뭔가 다른, 그래서 앞으로도 계속 성공할 것 같은 동료들의 이야기이며, 그렇게 살지 못한 사람들의 후회담이며, 내가 느끼고 있는 어려움을 새로운 각도에서 보여주는 석학과 전문가들의 조언, 그리고 나 스스로 직장인으로 살아온 기억들, 그리고 현장에서 수백, 수천 명을 교육·상담해 온 나의 소중한 개인 노트다.

책을 쓰는 내내 마음 속에 품고 있었던 직장 동료, 선·후배님들, 너무나도 소중한 클라이언트 분들, 인터뷰에 기꺼이 응해 주신 대한민국 직장인 10년차들, 그리고 기획에서 출간에 이르기까지 내 곁을 따뜻하게 지켜준 출판사 여러분께 깊은 감사의 뜻을 전한다.

2005년 6월

김 현 정

직장인 10년차 | 차 례

CONTENTS

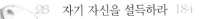

직장인 10년차, 그들은 한결같이 자신의 일을 사랑한다. 자신의 일을 진심으로 좋아하고, 부지런하게 움직이며, 돈보다는 가치와 사람을 먼저 선택해 왔다. 과거보다는 현재와 미래를 위해 앞만 보고 달려온 당당한 프로페셔널이지만 절대 거만하지 않으며 상대방을 배려하고 다른 사람의 말에 귀 기울인다. 또한 위기를 철저하게 기회로 만들 줄 아는 지혜와 성찰을 갖고 있다. 그런 그들이 무엇을 못 하겠는가.

때로는 시련을 겪기도 하고, 무한경쟁에서 살아남기 위해 남을 딛고 일어서기도 한다. 성공과 좌절의 벅찬 기억들을 안고 오늘도 복잡한 버스와 지하철에 이리저리 몸과 마음을 부딪히면서도 출근하는 대한민국 직장인들, 그들은 진정으로 자신의 '출근'을 사랑하는 사람들이다.

직장인 10년차

01

하이퍼 휴먼이 되어라

인간이 추구해야 할 것은 돈이 아니다.
인간이 추구해야 할 것은 늘 인간이다.
– 푸시킨

찰리 채플린의 〈모던 타임스〉에 등장하는 공장 노동자들은 마치 거대한 기계를 구성하고 있는 수천 개의 부품과도 같다. 매일 똑같은 시간에 일어나서 정시에 출퇴근하는 그들은 어제와 다를 것 없는 오늘을 살아가는 묵묵한 시계추처럼 일상을 하릴없이 오가고 있을 뿐이다. 다람쥐 쳇바퀴 돌 듯 살았던 그들이 오늘날의 풍요와 첨단 디지털 시대를 열어가는 밑거름이 되었다고 생각하니, 참으로 역설적이지 않을 수 없다. 어떻게 각 개인의 개성과 삶이 표준화될 수 있고, 또 그 표준화가 인류의 다양한 미래를 견인하는 성장동력이 될 수 있었는지, 생각하면 아득해진다. 하지만 역사와 미래를 만들어가는 주체가 오직 '인간'이라는 사실은 누구도 부인할 수 없을 것이다. 산업화 시대에서 정보화 시대로, 정보화 시대에서 자동화 시대로 빠르게 이행하고 있는 오늘날, 인간의 미래는 어떻게 변화해 갈 것인가?

세계미래학회가 발간하는 격월간지 〈퓨처리스트〉는, 21세기 10대 미래 트렌드 가운데 '하이퍼 휴먼hyper-human'을 첫손에 꼽았다. 하이퍼 휴먼이란 우리말로 직역하면 초월적 인간, 인간 위의 인간쯤으로 생각할 수 있겠다. 하이퍼 휴먼은 말 그대로 인간을 인간답게 만드는 요소들이 미래에 각광을 받는다는 의미다.

"가까운 미래에 배려와 판단, 직관, 윤리, 영감, 친밀감, 상상 등 자동화·기계화하기 어려운 하이퍼 휴먼의 역량이 강조될 것"이라고 〈퓨처리스트〉는 전망한다. 과거 기계가 인간의 육체노동을 대체했듯이 이제는 인간의 화이트칼라 노동이 자동화되어 가고 있다.

"소프트웨어는 지식노동의 지게차와 같다"라는 견해에서 알 수 있듯이 화이트칼라의 논리적 업무가 자동화로 대체되어 가고 있는 것이다. 소프트웨어가 소프트웨어를 만들어내는 시대가 도래했으며, 인간이 하루에 할 수 있는 소프트웨어 업무를 단 몇 초 만에 완벽하게 수행해 내고 있는 실정이다.

2005년 3월에 출간된 《A Whole New Mind》의 저자 다니엘 핑크는 오늘날 우리 경제와 사회가 논리적이고 선형적인 능력, 즉 컴퓨터와 같은 기능에 바탕한 정보화 시대에서 '창의성', '감성', 그리고 '거시적 안목'이 중시되는 '개념의 시대 Conceptual Age'로 이동해 가고 있다고 주장한다.

개념의 시대란 지금껏 잘 발전시켜 온 하이테크 high-tech에 바탕한 하이컨셉 high-concept, 하이터치 high-touch의 시대라고 설명할 수 있다. 하이컨셉이란 예술적이며 감성적인 아름다움을 부여하는 능력, 패턴과 기회를 읽어내는 능력, 만족스런 이야기를 만들어내는 능력, 겉으로 관계가 없어보이는 아이디어를 결합해 훌륭한 발명품을 창조하는 능력 등과 관계가 깊다. 하이터치는 감정을 이입하는 능력, 사람 간의 소통에 있어 그 민감성을 이해하는 능력, 자신의 즐거움을 발견하고 다른 사람의 즐거움을 이끌어내는 능력, 그리고 평범함에서 삶의 목적과 가치를 추구하는 능력 등과 맞닿아 있다. 그는 다음과 같이 충고한다.

"삶과 업무에서 진지해지기보다는 유쾌해져라!"

하이퍼 휴먼은 지식근로자의 미래다. 다시 말하면, 하이퍼 휴먼은 직장인 10년차의 미래다. 산업화 시대에 학교를 다니고, 정보화 시대에 사회생활을 시작한 직장인들 또한 개념화의 시대로 이동해 가고 있는 오늘날까지 다양한 분야에서 역사의 수레바퀴를 굴려왔다. 산업화 시대와 정보화 시대가 우리에게 '주어진' 시대라면, 미래의 개념화 시대는 우리가 '만들어나가는' 시대라고 할 수 있다.

앞으로 직장인에게 요구되는 기능은 디자인, 감성, 유희 등을 비롯해 다양한 '소프트'한 특질들이다. 이 같은 '소프트'한 특질은 개인은 물론 기업과 조직의 결정적 생존수단이 될 것이다.

최근 삼성그룹의 이건희 회장이 이탈리아 밀라노에서 '디자인' 전략을 강조한 것도, LG그룹이 'Think New LG'라는 슬로건으로 무장한 것도 모두 이와 같은 맥락에 닿아 있다. 20대의 나이에 SK텔레콤 상무로 일하고 있는 윤송이 박사 또한 휴대전화에 감성을 불어넣는 '1mm' 캐릭터 사업으로 세상의 관심을 한몸에 받고 있다.

중요한 것은 하이퍼 휴먼이 몇몇 천재들이나 글로벌 기업의 전유물이 아니라는 점이다. 이미 세상에는 하이퍼 휴먼들이 속속 나타나고 있으며, 이는 이 시대를 살아가는 모든 사람들의 앞으로 나아갈 바다. 미래를 주도하지 않으면 미래에 지배당할 수밖에 없다. 언제까지 역사의 수레바퀴 뒤꽁무니만을 좇을 것인가? 하이퍼 휴먼이 되지 못하면, 우리 직장인들의 미래는 없다.

02

오버하는 사람이 진정한 프로다

무슨 일을 하든 제1인자가 돼라.
하수도 인부가 되는 한이 있어도 세계 제일의 하수도 인부가 돼라.
- J.F. 케네디

내가 대학을 졸업할 당시만 해도 신입사원 채용 면접장에서는 늘 한결같은 씩씩한 외침이 들리곤 했다.

"어떤 일이든 맡겨만 주시면, 누구보다 열심히 할 자신이 있습니다!"

입사가 결정되면 향후 어떤 일을 해보고 싶다는 소신 피력보다는 '북극곰에게 얼음을 팔라면 팔 것이고, 아프리카 원주민에게 전기장판을 팔라면 팔겠다'는 비장한 각오가 모든 것을 말해주던 시절이었다. 그저 군소리 없이 고분고분 허리 굽힐 줄 아는 처세가 곧 성공을 견인하는 가장 빠른 길이었음은 분명하다.

"학교 가면, 선생님 말씀 잘 들어야 한다."

사실, 직장생활 10년차에 이른 사람들은 어린 시절부터 줄곧 이와 같은 가르침을 받아왔을 테니, 따지고 보면 무리도 아니겠다.

물론 '소신파' 신입사원들 중에도 상사의 지시에 말 잘 듣고, 시키는 일만 열심히 하면 충분하리라고 생각하는 사람들이 여전히 많다. 특히 아직 취업을 준비하고 있는 예비사회인들과 대화를 나누다 보면, 이른바 '톡톡 튀기'보다는 '상명하복'의 자세를 감수하겠다는 생각을 갖고 있는 젊은이들이 뜻밖에도 많다. 하지만 정말 조직은 이처럼 시키는 일만 열심히 하는 사람을 원하는가?

직장이라는 울타리를 둘러싼 세상 이치란, 매우 이율배반적 잣대를 갖고 있다. 따라서 많은 직장인들을 헷갈리게 만들곤 한다. 낮에는 요조숙녀, 밤에는 요부를 원한다는 우스갯소리처럼 조직은 사실 지시한 일을 묵묵히 수행하는 동시에 혼자 알아서 척척 무언가 창의적인 성과를 이끌어내는 인재상을 요구한다.

"김 과장, 돌아오는 금요일 오전까지 국내 시장 조사자료 좀 준비해 놓지."

이 같은 지시를 받으면 하늘이 두 쪽 나더라도 금요일 출근 전까지 준비를 마쳐야 한다. 박카스 마셔가며, 수당도 없는 야근을 해가며 겨우겨우 금요일 아침 회의실 문을 열고 들어가면, 정작 돌아오는 것은 점잖은 핀잔 또는 쓸쓸한 모멸감이다.

"에게, 이게 다야? 뭔가 2%가 부족하단 말이야. 알았네, 어쨌든 수고했어."

직장생활 10년 동안 누구보다 성실히 일했고, 누구보다 충실하게 윗사람을 모셔왔고, 과장자리 고스톱 쳐서 딴 것도 결코 아닌데, 대체 부족한 그 2%란 무엇이란 말인가?

김 과장은 국내 시장상황과 비교해 볼 수 있는 해외시장 분석 자료 또한 준비해야 했다. 매장에 들러 타깃 고객층의 생생한 트렌드를 살펴보아야 했다. 그리고 강 대리에게 점심을 사주면서 파워포인트로 깔끔하게 보고서를 정리해야 했다.

이처럼 조직은 늘 프리미엄premium을 요구한다. 조직은 늘 뒤통수를 친다. 조직은 결코 기다려주지 않는다.

신입사원 시절, 나의 부서장께서는 '학습조직'을 만들겠다는 강한 의지를 갖고 계셨다. 따라서 한 가지 주제를 선정해 각자 공부 · 연구한 후 그 결과를 다른 사람들과 공유하자는 제안을 하셨고, 내가 첫 타자가 되었다.

사실 부서원 간에 정보 공유 차원에서 부담 없이 준비할 수 있었지만, 나는 야근까지 해가며 프레젠테이션 자료를 열심히 만들고, 회의실도 빌려서 OHP까지 설치해 놓고 과장님들과 부장님을 초대했다. 그리고 우리가 할 수 있는 일과 관련 있는 교육 프로그램까지 샘플로 하나 짜서 발표했다.

물론 객관적인 입장에서 평가할 때 매우 수준이 높거나 어려운 주제는 아니었을 것이고, 나의 접근 방법 또한 약간 유치했을 수도 있다. 하지만 발표가 끝나자 상사들은 활짝 웃으며 큰 박수를 보내주었다. 그리고 두고두고 되새겨볼 수 있는 질문도 많이 해주셨다. 부장님은 그 자리에서 입사한 지 한 달이 갓 지난 나에게 "현정씨, 바로 강의 시작해도 되겠어"라며 따뜻하게 격려해 주셨다. 그리고 나서 나는 얼마 지나지 않아 바로 교육에 투입되어 강의를 시작할 수 있었다.

이처럼 나의 사회생활은 '오버 over'에서 비롯되었다. 그뿐 아니다.

오버를 하는 사람에게는 늘 그를 배려하는 주변의 도움과 격려가 따르게 마련이다. 내가 입사하자마자 강의를 맡을 수 있었던 데에는 나의 멘토 과장님의 압력과 코칭 coaching이 커다란 영향을 끼쳤다. 이를 통해 나 자신만의 영역을 확장해 나갈 수 있는 자신감을 얻을 수 있었다.

시키는 일만 해서는 결코 자신만의 고유한 전문성을 확보할 수 없다. 설령 확보할 수 있다 하더라도 이는 온전히 남이 만들어준 것이므로 그 기반이 매우 취약하다. 따라서 자신이 잘 할 수 있는 분야에서는 수단과 방법을 가리지 말고 '오버'해야 한다. 이 오버를 통해 확보한 자신만의 영역에는 다른 사람들이 틈입하기가 매우 어렵다. 자신의 영역을 늘 공격적으로 확보하는 자세가 직장생활의 성패를 가늠한다 해도 과언이 아니다.

열정에 바탕한 '오버하기'는 성공의 필수요소다. 기꺼이 야근을 자청하고, 바쁜 시간을 쪼개 시키지도 않은 현장근무를 하며, 때로는 자신의 시간과 돈을 투자하는 모습을 보이는 것. 이것이 바로 열정과 소신을 구체적으로 보여주는 증거라고 할 수 있다. 회사의 지시에 순응만 하는 사람은 아마추어다. 그는 결코 빅리그에 진출할 수 없다.

언제나 프로페셔널의 세계에서 승부를 걸어야 한다. 조직에 몸담고 있는 이상, 조직의 지시를 거부할 수는 없다. 하지만 조직의 지시를 자신의 전문성을 확보하는 유용한 기회로 만들 수 있는 길은 오직 자기 자신에게 달려 있다. 프로의 세계에서 신임받으며 개인이 성장해 갈 수 있는 가장 효과적인 무기가 바로 '오버하기'임을 잊어서는 안 될 것이다.

하지만 오버를 하는 직장인들은 그다지 많지 않다. 그 이유는 간단하다. 실패를 두려워하기 때문이다. 괜히 나서서 설치다가 일을 망치거나, 실패나 실수를 저질러 더 크게 망신을 당할 수 있기 때문이다. 그러나 상식이 통하는, 원활한 의사소통 인프라를 구축하고 있는 조직에서는 일을 잘 해보려고 하다가 실수를 했다고 해서 해고 통보를 하지는 않는다. 무수한 비난과 견디기 힘든 조롱과 커다란 시련이 찾아올 수도 있다. 하지만 성공한 직장인 10년차들은 이 같은 위기를 기회로 바꾸어온 사람들이다. 지금껏 내가 걸어온 길을 겸허하게 돌아보라. 강철은 어떻게 단련되는가? 강철은 결코 하루아침에 단련되지 않는다는 진리를 우리는 경험을 통해 이미 알고 있다.

조직에서 성장을 할수록 점점 더 많은, 그리고 큰 책임을 져야 한다. 이 같은 크고 작은 시련들을 잘 극복한 사람만이 큰 조직을 이끌어갈 수 있는 추동력을 갖고 있음을 조직은 일찌감치 알고 있다. 물론 단 한 번의 실수도 없이 승승장구한 사람도 있겠지만, 잘나가는 사람치고 큰 실수 한두 번 안 한 사람은 거의 없다는 사실을, 우리는 화장실에 앉아 우연히 엿들은 경험이 있지 않은가. 이사가 되고 CEO에 오른 인물들도 마찬가지다. 그들은 오히려 실패와 실수, 그리고 시련을 어떻게 다루는지 알고 있기에 아랫사람의 실수를 너그럽게 이해해 주고, 격려해 주고, 키워줄 줄 안다.

'오버하기'는 말처럼 쉽지 않을 수도 있다. 하지만 오버는 인정받는 직장인들의 좋은 습관과도 같다. 나쁜 습관과 좋은 습관은 마음먹기에 따라 백짓장 한 장의 차이에 불과하다.

'어떻게 하면 무사하게 일을 끝낼 수 있을까?'를 고민하지 말고 '어떻게 하면 더 잘 할 수 있을까?'를 늘 염두에 두는 습관을 갖도록 하라.

오버하는 사람이야말로 조직에게 프리미엄을 요구할 수 있고, 조직의 뒤통수를 칠 수 있으며, 조직이 나를 기다리게 만들 수 있다.

03

다시 '청춘'에 바쳐야 한다

만약 내가 신이었다면,
나는 청춘을 인생의 끝에 두었을 것이다.
– A. 프랑스

일을 시작할 때는 어떤 에너지를 그 일에 집중하는 기술이 필요하다. 물론 어떤 일이든 의욕적으로 추진할 수 있는 힘을 갖춘 이른바 '자가발전형' 직장인도 있지만, 보통사람들은 어떤 특정한 계기를 통해서 자신을 끊임없이 자극하고 재충전함으로써 그 의욕을 스스로 만들어내곤 한다. 이를 위해 다른 사람의 성공기를 읽기도 하고, 철저한 휴식의 기회를 갖기도 한다. 회사 또한 직원들 사이에 이 같은 활력을 불어넣고자 '신바람 경영' 등을 추구하기도 한다.

❝ 맑고 깨끗했던 소중한 꿈과 그 곳을 향한 때묻지 않은
순수한 열정이 있었던 시절을 다시 기억하자! ❞

지칠 줄 모르는 의욕과 열정은 모든 성공의 근본 성장엔진이다. 성공한 직장인들을 살펴보면, 나이는 숫자에 불과할 뿐이며 청년의 기백과 힘이 넘치는 것을 느낄 수 있다. 따지고 보면 그들에게 '청춘'이란, 인생의 어느 한 시점을 가리키는 것이 아니라 그들의 인생 자체를 상징해 주는 의미가 아닌가 싶다. 그들은 말한다.

"직장생활 10년차에 이른 사람들에게 진실로 이르나니, 자신의 삶 자체를 청춘으로 만들라!"

어떻게 하면 날마다 '청춘'일 수 있을까? 성공한 많은 사람들의 생생한 삶에서 그 모티브를 얻을 수도 있겠지만, 무엇보다 자신의 삶에서 도움을 얻는 것이 가장 쉬운 방법이 아닐까 싶다. 사람에 따라 그 정도의 차이는 있겠지만, 직장인 10년차라면 아마도 물리적 의미에서의 '청춘 시절'을 나름대로의 방식으로 통과해 온 사람들이다. 그것이 고뇌의 시간이 되었든, 쾌락의 시간이 되었든, 무언가를 위해 매진한 열정의 시간이 되었든…. 어쨌든 지금보다는 훨씬 높은 에너지 레벨과 용기를 갖고 살았던 시절이 있었을 터다.

이 책의 주인공인, 우리의 10년 전은 어떠했는가?

퀴퀴한 냄새가 가시지 않는 지하 호프집에서 "내겐 더 많은 날이 있어. 무슨 걱정 있을까…" 노래한 기억은 없는가. 설명할 수 없는 어떤 열정에 달떠 밤새 술잔을 놓지 못하고, 수업을 빼먹고 잔디에 누워 흘러가는 뭉게구름을 온종일 바라보고, 매운 최루탄 가스 속에서 연인의 손을 잡고 뛰기도 하고, 한두 달쯤 도서관에 틀어박혀 책을 읽기도 하고, 더 좋은 직장 들어가고 싶은 욕심에 토익 학원과 도서관에 출근도장을 찍으며 열정을 바치기도 했을 것이다.

10년 전. 서로가 떠나온 곳과 시작한 곳은 달라도 누구나 가슴 한켠에 다시는 돌아오지 못할 시간에 대한 안타까움을 간직하고 살아왔을 것이다.

그 때보다 더 많은 것을 가지고, 이루었지만 현재의 내가 서 있는 곳이 오히려 초라하게 느껴지는 이유는 뭘까? 그 시절이 아름답고 그리운 이유는 탱탱한 얼굴과 날렵한 몸매, 가는 팔목과 탐스러운 머릿결 때문만은 아닐 것이다. 하루나 이틀쯤 밤새워 무언가를 도모해도 끄떡없었던 체력 때문만도 아닐 터다. 그 시절이 아름답게 느껴지는 것은 거칠고 투박했지만 맑고 깨끗했던 소중한 꿈과 그 곳을 향한 때 묻지 않은 순수한 열정 때문이 아니었을까 싶다.

직장생활 10년. 결혼을 하고, 아이를 낳고, 과장이나 팀장으로 승진하면서 어쩌면 우리는 '청춘'에서 너무 멀리 떠나왔는지도 모른다. 세상살이에 찌든 탓에 아름다운 추억을 불러 앉혀놓고는 자신의 삶에 대해 진지하고 깊은 성찰을 해볼 기회를 갖지 못했을지도 모른다. 하지만 청춘 시절에 가졌던 열정과 에너지가 지금의 나를 만들어온 소중한 자양분이었음을 깨닫게 되면, 다시 한번 무언가 '바쳐야 할 것'을 찾을 수 있는 계기를 마련할 수도 있다. 무언가 송두리째 바칠 수 있는 대상을 찾는 것, 그리고 그를 위한 성장엔진에 힘찬 시동을 걸 수 있을 때, 비로소 당신은 그 숨막히도록 아름다웠던 '청춘'으로 회귀할 수 있을 것이다.

직장생활 10년차라면, 자신만의 '문화'를 갖고 있어야 할 시점이다. 삼겹살에 소주, 그리고 폭탄주로 이어지는 판에 박은 듯한 놀이 문화에서 과감하게 벗어나 보라. 자전거를 타고 대학시절 즐겨 찾던 캠퍼스 구석구석과 골목들을 들여다보라. 아내의 손을 잡고, 연애시절 헤어지기 싫어 몇 번이고 파란불을 흘려보냈던 신호등 건널목에 한번 서보라. 지갑 한켠에, 또는 사무실 책상 위에 가장 잘나갔던 무렵의 모습을 담은 자신의 사진을 꽂아보라.

이미 당신의 삶은 달라져 있을 것이다. 당신의 삶이 당신에게 온전히 바쳐지고 있는 아름다운 풍경을 온몸으로 맞이해 보라!

04

'평생 상사'는 없어도 '평생 선배'는 있다

작은 벽돌이 쌓여 건물이 완성된다. 벽돌 쌓는 일을
하찮게 여겨 소홀히 한다면 결국 큰 일을 그르치고 만다.
— 러스킨

예전에 모신 적 있는 어느 임원에게 꽤 여러 번 들은 이야기다. 그가 평사원이었던 시절에는 워드 프로세서가 없어서 서류를 만들면 서무를 보는 여직원에게 눈치를 살피며 타이핑을 부탁해야만 했다. 그러면 그녀는 못마땅한 표정을 지으며 잘 해주려고 하지 않았다고 한다. 그래서 그가 시작한 일이 바로 캐비닛 정리다. 그는 서무직원의 몫인 부서 캐비닛을 대신 정리해 주었다. 비품과 서류 등을 일일이 꺼내놓은 다음 청소도 하고 정리도 깔끔하게 해놓자 서무직원은 너무나 고마워했다고 한다. 그 후로는 아무리 바빠도 그의 서류 타이핑을 가장 먼저 처리해 주었음은 물론이다.

직장생활 10년차에 이르면 윗사람과의 관계보다 아랫사람과의 관계가 더욱 중요해진다. 자신이 지시한 일을 부하직원이 잘 수행하고 있는지 꼼꼼하게 살피고 철저하게 감독하는 것도 물론 중요하다. 하지만 그보다는 자신이 지시한 일을 부하직원이 잘 할 수 있게끔 그 분위기를 배려하고 있는지에 대해 살펴보는 것이 더욱 중요하다.

지시는 누구나 할 수 있다. 하지만 그 '지시'가 일정한 결실을 얻기 위해서는, 지시를 내리고, 지시를 받는 주체들 간에 서로를 배려하는 마음을 갖고 있어야 한다. 이는 쉽지 않은 일이다. 조직이 내린 지시를 적극적으로 수명하는 부하직원을 원한다면 상호존중에 바탕한 분위기 조성이 절대적으로 요구된다. 그리고 말보다는 행동이 언제나 앞서는 상사가 되어야 한다는 점 또한 잊지 말아야 한다. 다른 무엇보다 '사람'에게서 받은 감동이 가장 효과적인 에너지를 갖는다는 교훈을 그 임원께서는 실천으로 보여준 것이다.

그가 회사의 해외 현지법인을 책임지고 있었던 시절에도 비슷한 일화가 전해진다.

스페인 공장에서 근무할 때, 직원들은 쉬는 시간에 나와서 담배를 피우고는, 꽁초를 그냥 바닥에 버리는 나쁜 습관들을 갖고 있었다고 한다. 담배꽁초를 함부로 버리지 말 것을 누누이 강조해도 좀처럼 개선되지 않자, 그는 매일같이 직접 담배꽁초를 하나하나 주워서 휴지통에 버렸다고 한다. 누구를 탓하거나 지시하지 않았지만, 담배꽁초를 함부로 버리는 직원들이 점점 사라졌다고 한다. 한국에 돌아와서는 본관 건물 전체를 금연구역으로 선포하시고, 본인도 괴롭게 건물 내 금연을 실천하셨다. 불만이 높았지만, 그분께서 흡연자였기에 설득력을 가질 수 있었다.

이처럼 다시 한번 강조하지만 행동이란, 그것이 감동이 되었든 무언의 압력이 되었든, 말보다 훨씬 더 큰 위력을 발휘한다.

내가 학원강사로 잠깐 일하던 시절, 친분이 도타웠던 선생님이 한 분 계셨다. 그녀는 딱히 잘 가르치는 것 같지 않았는데도, 그 능력을 충분히 인정받으며 높은 수입을 올리고 있었다. 어떻게 저렇게 인정을 받을 수 있을까, 그 비결을 궁금해하던 어느 날, 그녀는 매우 충격적인 행동을 통해 내게 그 이유를 설명해

주었다.

초여름 무렵이었는데, 이제 곧 에어컨을 틀어야 한다며 학원에 있는 에어컨 필터를 일일이 다 빼서 화장실 바닥에 앉아 닦고 있는 것이 아닌가. 너무나 신기한 나머지 나도 모르게 물었다.

"집에서도 이런 거 하세요?"

"호호, 절대 안 하죠. 사실은 저도 이거 처음 청소해 봐요."

그녀는 그저 자신의 일과 직장, 그리고 자신의 고객인 학생들을 위해서 무언가를 하려고 했던 것뿐이다. 어떤 말을 그녀의 이 같은 행동에 견줄 수 있을까.

바야흐로 '평생직장'의 개념이 사라진 시대다. 이제 회사에서는 각별한 '애사심'을 요구하지도 않고 '주인의식을 갖자'라는 슬로건도 그 수명을 다한 지 오래다. 직장인들은 그저 출근해서 퇴근하기까지 자기 자리에 앉았다가 몸만 쏙 빠져나가곤 한다. 하지만 일 잘 하는 직장인들의 좋은 습관목록에는 '늘 몸이 먼저 움직인다'라는 항목이 들어 있다.

부서 자리를 재배치하거나 사무실 대청소를 할 때 공동으로 사용하는 책상이나 테이블을 먼저 옮기고, 외근 나간 동료의 의자를 책상 위에 올려놓는 사람들이 이른바 성공의 길로 가고 있는 직장인들이라고 할 수 있다.

"평생직장이라는 개념이 사라지면서, 조직이 점점 이기적인 분위기로 변해 가는 건 사실입니다. 몸값을 올리기 위해, 좀더 나은 직장으로 옮기기 위해, 현재의 일터는 잠시 머물다가 가는 간이역처럼 생각하는 직원들도 많죠. 따라서 직장상사의 '상' 자만 들어도 다들 고개를 흔듭니다. 따라서 저는 늘 '상사'이기 이전에 '선배'로서 행동하려고 노력합니다. 비록 평생직장은 없어졌다 해도, 인생 그 자체가 하나의 커다란 '직장'이 아닌가 생각합니다. 다시 말하면, '평생 상사'는 없어도 '평생 선배'는 있지 않겠습니까. 이렇게 생각하다 보니 제 팀원들을 부하직원이 아니라 내 삶을 풍요하게 해줄 '후배들'이라 여길 수 있게 되었습니다. 그렇게 되자 그들이 몹시 소중해지더군요. 선배의 입장에서 그들에게 해줄 수 있는 작은 일들을 하나하나 실천에 옮기자, 어느덧 저희는 사내 최고의 팀워크를 자랑하는 성과를 올릴 수 있었답니다."

국내 유명 전자회사의 고객개발팀장으로 일하고 있는 분이 내게 들려준 이야기는 정녕 감동적이었으며 사뭇 숙연해지기까지 했다.

'즐겁고 안락한 곳에 먼저 가지 않고, 험하고 거친 길 위에 남보다 먼저 기꺼이 서고자 하는' 사람들 곁에는 반드시 다양한 기회가 찾아온다.

손과 머리를 쓰는 직업을 가진 사람들은 누구나 움직이는 행위 자체에 매우 소극적인 경향을 나타낸다. 하지만 다른 사람을 배려하는 작은 행동들이 하나하나 쌓이면, 그에 따라 그 사람에 대한 신뢰와 존경도 차근차근 쌓이게 마련이다.

직장인들이라면 누구나 멋진 프로젝트를 맡고 싶어한다. 하지만 어디 회사 일이라는 게, 세련되고 멋진 일의 연속이겠는가. 청소하는 아주머니가 있어도 청소해야 할 일이 생기고, 아르바이트생이 있어도 세칭 '노가다'를 뛸 일이 회사에서는 많다. 궂은 일에 솔선수범하고 멋진 일에 부하직원을 먼저 세워보라.

평생 부하직원은 없어도 평생 후배는 있다. 평생 후배를 많이 만드는 사람이 인생이라는 커다란 '직장'에서 자신의 미래를 성공을 향해 당당하게 밀고 간다.

05

공부에 목숨 한번 걸어보라

젊었을 때 배움을 소홀히 한 사람은
과거를 상실하고 미래에도 죽는다.
- 에우리피데스

딱히 공부를 좋아하지 않는 나에게 유학시절은 진정 고난의 연속이었다. 엄청난 양의 책을 읽지 않으면 입 한번 뻥긋할 수 없는 토론식 수업. 하루가 멀다 하고 치르는 시험과 리포트. 그리고 질문이 나올까 싶어 식은땀을 흘려야만 하는 프레젠테이션…. 차라리 교통사고라도 당해서 단 며칠이라도 편히 쉬었으면 하고 바랐던, 꿈보다는 좌절이 더 많았던 시련의 날들이었다.

우여곡절 끝에 학위과정을 마치자마자 나는 곧바로 책가방을 버렸고, 한국에 돌아와서는 방에 있는 책상을 버렸다. 끝날 것 같지 않았던 책과의 씨름 속에서 누군가 내게 다음과 같은 말을 해주었다.

"가장 지루한 시간이 가장 생산적인 시간이다."

사실 그 때는 이 말뜻을 온전하게 이해하지 못했다. 하지만 사회생활을 하면서 내가 배운 지식이 얼마나 나를 생산성 넘치게 만들었는지 생생하게 체험할 수 있었다. 또한 본격적으로 사회생활을 시작하면서 히딩크 감독의 말처럼 배움에 대해서 '나는 아직 배고프다'는 느낌을 점점 더 짙게 가질 수밖에 없었다. 따라서 나는 그토록 지겹던 공부의 세계로 다시 들어설 수밖에 없었다.

다시 책을 꾸릴 배낭을 사고, 신접살림을 차릴 때는 서재로 쓸 방도 따로 만들었다. 하루 종일 또는 그 이상의 시간을 바쳐 무언가를 공부한다는 것은 일정 수준의 인내심과 의지, 그리고 의욕과 흥미가 있지 않고서는 정말 어려운 일이다. 자기계발을 위한 지속적 학습은 공무원 시험이나 학위취득 등을 위한 처음과 끝이 있는 공부와는 그 차원이 다르다.

하물며 하루 종일 파김치가 되도록 이리저리 직장에서 뛰어다닌 사람에게 공부란 절로 머리를 흔들게 만드는 지긋지긋한 일이 아닐 수 없다. 하지만 사람의 삶에도 생산과 소비가 있다면, 일을 하는 것은 소비에 가깝고, 공부를 하는 것은 생산에 가깝다. 특히 똑같은 일을 반복함으로써 고부가가치를 생산할 수 없는 일에 종사한다면 더욱 그렇다. 내가 어떤 일을 해놓으면, 그 일은 나의 가치를 소비한 것이 되고, 생산 없는 소비는 언젠가 끝이 나게 마련이다.

현재 삼성전자의 최고경영자로 활약하고 있는 최지성 사장은 문과대학 출신이라는 핸디캡을 보완하기 위해 수천 페이지에 이르는 반도체 이론서를 통째로 외워버렸다고 한다. 그는 분명 직장인들이 갖추어야 할 뛰어난 능력들을 두루 겸비한 인물이라고 평가할 수 있다. 하지만 그와 같은 평가는 나 자신에게 별다른 의미를 주지 못한다. 우리가 그의 성공 스토리에서 주목해야 할 것은, '최지성 사장은 자신의 뛰어난 능력이 아니라 자신의 한계를 끊임없이 들여다보고 이를 극복하고자 노력했다'는 점이다. 그는 자신의 한계를 메우기 위해 전혀 새로운 분야에 대해 엄청난 지식을 쌓았던 것이다.

공부가 자신의 일에 더욱 탄력을 붙이고 더 나은 성과를 이끌어내는 촉매제 역할을 한다는 사실은 누구나 공감할 것이다. 하지만 공부는 그 열매뿐 아니라 과정 자체로도 우리에게 많은 것을 준다. 무엇보다 열정적으로 산다는 느낌을 준다. 자신이 깨어 있다는 매력을 제공한다. 한번이라도 무엇을 공부하기 위해서 밤새 등불을 밝혀본 사람은 이 같은 느낌에 대해 잘 알 것이다.

어떤 문제를 해결하기 위해 밤새 원론과 매뉴얼을 붙들고 씨름해 본 사람이라면, 언제나 모자란 시간을 쪼개고 또 쪼개어 방송통신대학이나 야간 대학원에 다니며 학위를 마친 사람이라면, 자격증 준비를 위해 코피를 쏟아본 사람이라면, 무너질 듯한 피곤함 끝에서 점점 피어오르는 뿌듯함과 희열을 어떻게 말로 표현할 수 있으랴.

모든 공부가 꼭 내가 하는 일과 직접 관련이 있어야만 하는 건 아니다. 우리나라의 대표적인 스타 CEO인 삼성전자 이은우 사장님의 사모님을 대학교수 자격으로 강의에 모신 적이 있다.

사석에서 사모님이 말씀하시는 사장님은 엄청난 책벌레이셨다. 경영서, 전문 기술서적, 소설 등 장르를 구분하지 않고 책을 손에서 놓는 법이 없다고 하셨다. 그러더니 그 즈음에는 '게놈 genome' 프로젝트에 심취해 출퇴근길 차 안에서 그와 관련된

다큐멘터리를 보신다고 했다. 아무리 생각해도 하시는 일과 어울리지 않는 주제인 것 같았지만, 그에 대해서 그렇게 깊이 공부를 하신다고 했다.

공부는 하나의 습관이자, 하나의 엄격한 태도라고 할 수 있다. 자신의 전공 분야에 대해 깊이 공부할 줄 아는 사람은 다른 분야에 대해서도 진지하게 공부함으로써 해박한 지식을 조화롭게 갖출 줄 안다. 물론 다른 관심분야에 집중할 줄 아는 사람은 자신의 일에도 깊이 있게 열중한다. 종종 성공한 사람들은 자신의 주요 분야 외에 최소한 다른 어느 한 분야에서 '일가견一家見'을 이룬 모습이다.

우리의 시대는 여러 분야에 해박한 인재를 요구한다. 경영학을 전공한 사람에게 소설가 못지않은 문학적 감성을 요구하는가 하면, 국문학을 전공한 사람에게 남다른 비즈니스 감각을 기를 것을 주문하는 회사도 많다.

유럽 무대에서 맹활약하고 있는 축구선수 박지성을 떠올려보라. 그가 유럽 빅리그에서 각광을 받는 것은, 어느 포지션이든 소화해 낼 수 있는 멀티 플레이어이기 때문이다. 박지성이 그라운드에서 야생마처럼 활약하는 모습은 무언가 목숨을 걸고 한

번 도전해 본 아름다운 풍경이 아닐 수 없다.

  아울러 공부는 자신과의 싸움일 때도 있다. 모든 공부가 다 재미있는 건 아닐 테고, 재미있는 것만 할 수 있는 것도 아닐 테니까…. 남들이 하기 싫은 공부를 억지로 붙잡고 있을 때 한번쯤 목숨을 걸고 공부해 보라. 사랑에 목숨 걸어본 사람의 삶은 그 얼마나 따뜻한가. 공부에 목숨 걸어본 사람의 미래는 그 얼마나 당당할 것인가.

06

내 삶은 내가 빚어가는 최고의 걸작품이다

인생에 있어서 어떤 목표를 향한 의지력이 꼭 필요한 반면,
이미 지나간 일에 대한 체념도 필요하다. 힘차게 나아갈 때와
물러설 때를 아는 것이 가장 현명한 지혜다.
— B. 러셀

다 이룬 남자, 고승덕 변호사의 자서전 제목은 《포기
하지 않으면 불가능은 없다》였다.

그에게 무한한 공감을 보낸다. 나 또한 바라는 바가 있으면
모든 열정과 노력과 자원을 다 바쳐 도전하라고 외치고 다니는
희망의 전령사이고 싶다. 확실히 도전하지 않는 사람의 이룰 확
률은 0%이지만, 도전하는 사람이 이룰 확률은 50%다. 하지만
직장생활을 하다 보면, 종종 포기가 도전보다 더한 용기를 필요
로 할 때도 있다.

물론 고시계의 그랜드슬램을 차지한 고승덕 변호사나, 3대 고시를 패스한 박찬종 전 국회의원처럼 하고자 하는 대로 다 할 수 있는 능력, 근성, 체력 등을 갖추고 있다면 무엇인들 못 이루겠는가. 하지만 인생은 마라톤이다. 정확하게 말하면, 인생에는 다양한 마라톤 코스가 준비되어 있다고 하겠다. 따라서 더 중요한 마라톤 대회를 위해 지금 달리고 있는 코스에서 과감하게 완주를 포기할 줄도 알아야 한다. 이는 인생의 축소판인 직장생활에서도 예외일 수 없다.

많은 사람들이 뛰어난 능력들을 갖추고 있음에도 불구하고 이렇다 할 성과나 업적을 남기지 못한 채 평범하게 이 세상 무대의 뒤편으로 쓸쓸히 사라지고 마는 것은 자신의 능력과 에너지를 스스로 통제하지 못했기 때문이다.

자신에게 타고난 능력이 없다는 생각이 든다면, 그래서 성공할 수 없다는 결론에 이른다면, 그 때 절실하게 요구되는 덕목이 있다. 바로 '포기' 다. '굼벵이도 구르는 재주는 있다' 고 한다. 굼벵이가 가질 수 있는 최고의 능력은 '구르기' 다. 그런데 '구르기' 가 무슨 재주이겠는가 생각하면서 자꾸만 다른 곳을 기웃거리다 보면, 결국 '구르기' 에서도 뛰어난 능력을 닦을 수 없게 마련이다.

'선택과 집중'이라는 유명한 말이 있다. 이는 '선택과 집중할 곳을 찾아라'라는 차원이 아니라 '선택과 집중에 따른 기회비용과 리스크를 관리하라'라는 의미를 더 강조한 슬로건이라고 할 수 있다. 그래서 나는 직장인들에게 선택하지 않은 선택인 '포기'에 대해 효과적으로 관리할 것을 강조하곤 한다.

고승덕 변호사가 대학시절 선택한 가치가 고시를 향한 돌진이었다면, 그가 포기한 가치는 과연 무엇일까? 미팅, 당구, 가슴 설레는 연애…. 무엇보다 지금까지 이룬 것만 갖고도 잘 살 수 있다는 '안정감'일 것이다. 선택하는 가치와 포기하는 가치는 항상 그 무게가 같아야 한다. 그래야만 자신의 선택이 더욱 소중해지고, 이에 집중하기가 한결 수월해진다. 이 점을 늘 우리는 잊어서는 안 될 것이다.

물론 선택과 집중을 위해서는 자신이 진정 바라는 것이 무엇이며, 또 잘 할 수 있는 것이 무엇인지를 깊이 들여다보는 일이 중요하다. 혼자서 안 되면 주변의 도움이나 조언, 그리고 전문가를 찾아야 한다. 그러고 나면 마침내 대리석 속에서 다비드를 발견할 수 있는 미켈란젤로의 혜안을 가질 수 있을 것이다.

걸작 다비드상을 빚어낸 미켈란젤로는 "나는 대리석에서 완벽한 모습의 다비드를 보았다. 하지만 내가 고작 한 일이라곤

❝ 세상이라는 커다란 대리석에서 나의 꿈이 아닌 부분만 제거해 내면
마침내 나만의 멋진 '다비드'를 발견할 수 있다. ❞

다비드가 아닌 부분만 없앤 것뿐이다"라고 말했다. 자신의 꿈을 이루고 싶다면, 세상이라는 커다란 대리석에서 자신의 꿈이 아닌 부분만 망치와 끌로 제거해 내면 된다.

대한민국 직장인들의 공통된 고민 중 하나가 바로 '영어' 다. 글로벌 사회에서 뛰어난 영어실력은 분명 경쟁력을 높여주는 중요한 요소임에 분명하다. 하지만 모든 직종에서 영어가 반드시 죽고사는 문제는 아니다. 그런데도 직장인들은 '영어' 때문에 몸살을 앓는다. 포기하지도, 목숨 걸고 제대로 파고들지도 않는 어정쩡한 포즈로 삶의 중요한 시간들을 의미 없는 기회비용으로 날리고 있는 모습이다.

"물론 국내 마케팅 업무를 주로 하고 있는 제게는 영어가 핵심 코어core는 아닙니다. 그렇지만 동료들이 너나할 것 없이 틈만 나면 이어폰을 끼고 영어회화 공부에 열중하는 모습을 보면 '이러다가 나만 뒤지는 것 아닌가…' 하는 긴장과 두려움이 엄습하고는 하죠. 그러다가 어느 날, 서점에서 토익 책이며 회화책 따위를 들추고 있는 제 자신을 발견하고는 합니다."

내가 만나본 직장인들은 대체로 이 같은 '착시 현상' 에 시달린다. 하지만 현실은 냉철한 시각을 요구한다. 이 책을 집필하기 위해 인터뷰한 한 외국계 은행 영업팀장은 영어를 단 한 마디도 못하는 자신을 위해 선발과정에서 영어 인터뷰를 빼주는 배려를 받았다. 아예 "저 영어 한 마디도 못하는데, 싫으면 관두세요"하며 배짱을 부렸다고 한다. 그녀는 영어가 아닌 실적으로 이야기한다. 영어 공부할 시간에 고객에게 전화 한 통 더 하고, 고객이 원하는 것이 무엇일까 고민하고, 회화책 대신 경제 교과서를 읽는다. 토익 교재 살 돈으로 부하직원들에게 즐거움을 주기 위해 로또를 사러 간다. 회사는 다른 직원들에게 그녀를 닮으라고 요구한다.

집단주의 문화에서 성장한 우리는 지금껏 남들이 가기 때문에 무조건 대학에 가고, 남들이 영어공부를 하기 때문에 무조건 영어공부를 하고, 남들이 직장을 옮기려고 하기 때문에 무조건 직장을 옮기려고 하는 경향을 갖고 있음을 부인할 수 없다. 명문대학을 졸업하고, 유창한 영어실력을 쌓고, 조건 좋은 직장으로 옮기는 것이 뭐 나쁠 일이 있겠는가. 문제는 이 같은 착시 현상 때문에 소중한 것들을 잃을 수 있다는 데에 있다. 다원화 사회인 만큼 다양한 핵심기술들이 존재한다. 어떤 특정한 핵심기술 하나가 전체 분야를 규정하는 사회는 진정한 경쟁력을 갖기 어렵다. 따라서 직장인들의 마인드 전환이 무엇보다 요청되는 즈음이다.

그렇다면 어떻게 효과적으로 포기할 것인가? 직장생활은 선택과 선택, 그리고 선택과 포기의 연속선상에 있다. 선택과 선택 사이에는 '결단'이 필요하고, 선택과 포기 사이에는 '지혜'가 요구된다. 결단과 지혜라는 핵심기술을 통해 자신의 삶과 목표를 자신의 최고 걸작품으로 만들어보라.

나의 다비드상은 오직 나의 선택과 집중, 그리고 포기할 줄 아는 용기를 통해 만들어나갈 수 있다.

성공하려면 문지기와 친해져라

외국계 은행 세일즈계에서 이름난 13년차 직장인 강은주(가명, 33) 차장은 80여 명의 직원을 거느린 소비자 금융담당 매니저다. 실적으로 인정받은 그녀에게 성공비결을 들어본다.

1. 직장은 왜 다니는가?

직장을 오래 다니려면, 일에 대한 보상이 확실하거나 비전이 확실해야 한다고 생각한다. 나는 전자인 것 같다. 그것이 내가 세일즈에 맞는 이유이기도 하다. 세일즈는 그 피드백이 바로바로 아주 정직하게 온다. 사실 내일 그만두어도 후회는 없다. 매일매일 열심히 살고 있을 뿐이다. 애 낳으러 분만실에 들어갈 때까지 업무전화를 받았다.

2. 굉장히 유명한 분인데, 성공적인 직장생활의 노하우는 무엇인가?

나는 많이 부족한 사람인데, 굉장히 좋은 상사 분들을 만났다. 나는 직장에 들어갈 때부터 계속 낙하산이었다. 애초에 계약직으로 들어갔지만, 열심히 한 덕에 정규직도 되고, '사' 자 붙은 사람들, 외국에서 공부한 사람 등등이 지원하여 78 대 1의 경쟁률을 보인 프라이빗 뱅커(PB) 선발에서도 행장님 추천 낙하산으로 PB 업무를 시작했다. 사람들은 처음에는 경계하고 인정하지 않았다. 하지만 추천한 분들의 기대를 저버리지 않기 위해서, 그리고 사람들에게 인정받기 위해서 남들보다 몇 배로 일했다. 주5일 근무에 토요일까지 출근해 보안업체에서 '누가 토요일에 계속 나오냐?'고 할 정도였다. 이런 식으로 살아왔다.

3. 일상을 이야기해 달라.

'성공하려면 문지기와 친해져라' 라는 말이 있다. 나는 가장 먼저 출근하고, 가장 늦게 퇴근한다. 보통 하루 15시간을 근무한다. 술 마시고, 사람들과 어울리는 시간을 제외하고, 정말 15시간을 말 그대로 땀 흘려 일한다. 발에서 땀이 많이 나서, 내 책상 밑에는 조그만 에어컨을 갖다놓았다. 주말에는 세탁기가 쉴새없이 돌아가고, 2주에 한 번씩은 두 아이를 데리고 남편과 외곽으로 나가서 평소에는 못 하는 대화도 하고, 바람도 쐬며 스트레스를 푼다.

4. 가장 성취감을 느끼는 점은 무엇인가?

나는 영어를 한 마디도 못하고, 경제학과 출신도 아니다. 이런 것이 내가 이 외국계 은행에서 세일즈를 하는 데 치명적인 단점일 수 있다. 하지만 이런 것들을 보완하기 위해서 내가 잘 할 수 있는 것에 더욱 매달렸다. 이런 핸디캡에도 불구하고, 이제는 어느 누구에게나 배짱을 부릴 수 있다는 것이 뿌듯하다. 지금 회사에 들어올 때, 나만 영어 인터뷰를 하지 않은 걸로 알고 있다. 그리고 경제적인 면도 무시할 수 없다. (웃음)

5. 힘든 점은 없는가?

끝내 성공하기는 했지만, 한 명의 고객을 만나기 위해서 20번의 거절을 당한 적도 있다. 하지만 이런 것은 어려운 일이라고 생각지 않는다. 최근 나를 굉장히 끌어주시던 상사 분의 요청을 더 이상 고사할 수 없어서, 그분을 따라 회사를 옮겼다. 새로운 회사에서 본전 생각이 제일 힘들다. 럭셔리한 조명받으며 더 적게 일해도 더 좋은 조건의 대우를 받을 수 있는 옵션들 때문에 '이젠 이렇게까지 안 해도 되는데' 하는 생각이 퇴근할 때마다 든다. 그럴 때면 하늘의 별을 보며 마음을 다스린다. 그리고 워낙 긴장하고 스트레스를 많이 받다 보니 희귀한 병들이 생긴다. 두드러기가 심하게 나서 3일 동안 회사에 못 간 적도 있고, 스트레스로 인해 머리에 이가 생겼다는 이야기를 듣고는 병원에서 펑펑 울기도 했다.

6. 금전적 보상 외에 더욱 강력한 모티브가 있을 것 같다.

그저 나는 나를 추천해 준 사람들에게 누가 되지 않으려고 열심히 했고, 고객을 포함한 주변사람들에게 인정받기 위해 기대 이상을 하려고 노력했던 것 같다. 사실 돈만이 목적은 아니다. 나는 은행에 있으면서도 늘 연체 때문에 전화를 받는다.

7. 직장인 후배나 새내기들에게 조언을 해달라.

기본에 충실하라는 것이다. 잘 할 수 있는 일에 매달려서 많이, 열심히 일하면 성공한다. 다만 그 기준이 다른 것 같다. 후배들을 보면 최선을 다했다고 하는데, 내가 볼 때는 아닐 때가 더 많다. 서너 번 시도해 보고 안 된다고 단정하는 사람이 많은데, 될 때까지 열 번이고 백 번이고 시도하고, 매일 밤

10시까지 일해 보고 그렇게 말하라. 또한 자기관리를 해야 한다. 다른 사람에게 선명하게 각인되는 자신만의 좋은 이미지를 만들어야 한다. 싼 데서 머리 하고, 옷 사 입으면 나도 싸구려가 될 수밖에 없다. 투자 없이는 아무것도 얻을 수 없다.

07

블루오션을 향해 무소의 뿔처럼 가라

나는 내가 할 수 있는 한의 최선의 것, 내가 아는 한의 최선의 것을
실행하고 또한 언제나 그러한 상태를 지속시키려고 한다.
– 링컨

과장까지는 그 능력을 인정받으며 승승장구하다
가 부장이 된 후부터는 '무능하다'는 평가를 받는 직장인들이
뜻밖에 많다. 직급이 오르면, 그 자리의 폭과 깊이에 걸맞은 인
물이 되어야 하는데, 막상 뚜껑을 열고 보면 그렇지 못하기 때
문이다. 사원, 대리, 과장, 부장, 이사…. 다리에게는 다리의 역
할이 있고, 허리에게는 허리의 역할이 있고, 브레인에게는 브레
인의 역할이 있고, 조직이 기대하는 바도 직급마다 뚜렷하게 다
르다.

죽기보다 지는 것을 싫어하고, 자신이 맡은 일에는 엄청난 근성을 갖고 끈질기게 매달리며, 능력이 안 되면 몇날며칠 꼬박 밤을 새우는 열정으로 성과를 내고야 마는 김 과장은 누가 뭐래도 회사의 핵심인 듯 보였다. 하지만 그가 그토록 바라던 팀장이 되고 나서는 정녕 당황하지 않을 수 없었다. 늘 칭찬과 부러운 시선을 한몸에 받던 그가 이제는 여기저기 불려가 싫은 소리를 듣기 시작하면서 점점 주변 사람들과 크고 작은 마찰을 빚기에 이르렀다. 아울러 실적 또한 눈에 띄게 떨어지기 시작했고, '구관이 명관이다' 라는 수군거림마저 곳곳에서 나타났다.

"날고 기던 김 과장이 어쩌다 저렇게 된 거야?"

그럴수록 그는 더욱 회삿일에 몰두했고, 더욱 많은 시간을 쏟아 부었다. 하지만 그의 직장경력은 이미 내리막길을 치닫는 듯했다.

그 이유가 무엇일까? 머리가 갑자기 나빠지거나, 인간성이 더 나빠진 것일까? 그런 것은 아닐 것이다. 다만 그는 새로운 역할에서 요구되는 역할 행동을 제대로 준비하지 못했을 뿐이다. 치열한 경쟁에서 다른 누구보다 자신이 먼저 살아남기 위해 싸우느라, 미처 주변을 돌아보지 못했던 것이다. 자신보다 성과를 올리지 못하는 동료들을 무시하고 상대조차 해주지 않았는데,

어느 날 문득 그들이 정녕 자신이 모두 끌어안고 가야 하는, 한 배를 탄 몸들이었던 것이다. 김 과장, 아니 김 팀장의 역할은 이제 조직을 효과적으로 이끌어가는 탁월한 리더십 발휘에 있었다. 뛰어난 바이올린 주자에서, 모든 음색과 분위기를 조율하는 현명한 지휘자로 변신하는 데 실패한 것이다.

직장인 10년차들이 명심해야 할 것이 있다. 즉 새로운 자기 자신을 위한 비즈니스 모델을 창출하라는 것이다. 이에 실패하면, 사표 쓸 각오를 해야 한다.

최근 《블루 오션 전략》(김위찬·르네 마보안 공저)이라는 책이 직장인들 사이에서 새로운 화두로 떠오르고 있다. 치열한 경쟁의 바다 '레드 오션'에서 벗어나 경쟁 없는 시장 '블루 오션'을 창출하라는 저자들의 주장은 사뭇 감동적이기까지 하다. 무엇보다 인상적인 것은 아주 특별하고 새로운 블루 오션을 창출하기 위해서는 모든 가치를 혁신해야 한다는 점이다. 그리고 이 혁신의 중심에는 바로 '자기 자신'이 놓여 있다. 직장생활의 왕도는 없다. 하지만 왕도를 찾아서 끊임없이 혁신의 길 위에 서 있어야 한다.

승격교육을 할 때면, 자신의 새로운 직급에 대한 기쁨과 함께 높은 불안감을 보이는 사람들이 많다. 혁신할 준비가 되어 있지 않기 때문이다. 승진은 직장생활에서 피해 갈 수 없는 핵심요소다. 따라서 자신에게 새로운 역할이 주어지기 전에 스스로 꼼꼼하게 준비하고, 부여받은 새로운 역할에서 성공을 위해 자신만의 필살기를 만드는 준비가 반드시 필요하다.

그 필살기란 다름아닌 나 자신을 혁신할 수 있는 기술이다.

바보 코미디로 한참 잘나가던 정준하는 그 바보 코미디가 식상해지기 전에 연기자로의 혁신을 모색했다. 그의 변신을 두고 비난하는 소리도 높았지만, 끊임없는 새로운 아이디어를 통해 시청자를 웃기지 못하면 살아남을 수 없는 치열한 경쟁의 세계에서 블루 오션으로 항해를 시작한 것에 우리는 주목해야 한다. 물론 연기자의 세계도 치열한 경쟁의 시장이다. 하지만 정준하는 블루 오션의 창출조건 가운데 하나인 '차별화'에 성공했다.

그가 높은 인기를 등에 업고 드라마에서 주연급 대우를 요구했다면, 그는 분명 실패했을 것이다. 그는 개성 있는 조연급 연기자로서 착실한 혁신을 모색했으며, 이를 통해 연기자 시장에서 차별화된, 눈에 띄는, 그리고 드라마의 비非고객들을 끌어모으는 데 성공한 것이다. 또 하나 우리가 주목해야 할 점은 그가 코미디 세계에서 절정의 인기를 누리고 있었을 때 이 같은 혁신을 모색했다는 것이다.

그의 용기에 박수를 보내지 않을 수 없다.

직장생활 10년차. 이제 주위를 둘러보라. 더 이상 당신은 팀원들과 경쟁해서는 안 된다. 팀원들이 최대 성과를 낼 수 있도록 현명하고 지혜로운 리더십을 발휘할 때다. 팀원들의 최대 성과가 곧 당신의 성과임은 분명하지 않은가. 주위 사람들이 당신을 지루한 눈으로 쳐다보고 있는지 세심한 주의를 기울여라. 당신은 매일같이 똑같은 얼굴로, 똑같은 목소리로, 똑같은 기대감으로 부하직원들을 대하고는 있지 않은가.

끊임없이 자신을 혁신함으로써 자신만의 블루 오션을 창출해보라. 그러면 당신 앞에 팀장을 넘어 '마에스트로' 반열에 오를 수 있는 길이 열릴 것이다.

'혁신'이라는 가치는 이미 낡은 지 오래라고? 결코 그렇지 않다. 혁신이 낡은 이유는, 혁신을 하지 못했기 때문이다.

08

사표는 '혁명'을,
이력서는 '정화'의 역할을 한다

사전에 계획이 있으면 일에 곤란이 없고, 미리 목표가 서 있으면
행동에 후회가 없다. 또한 미리 목적지가 서 있으면 막히는 일이 없다.
– 중용

유명한 헤드헌터들은 빈틈없는 경력관리를 위해
3~6개월 주기로 자신의 이력서를 다시 쓰라고 권유한다. 여기
에서 말하는 이력서란 문구점에서 파는 양식 위에 근무지와 근
무기간만을 기록하는 형식적인 이력서가 아니다. 자신의 경력
과 업적을 객관적인 시선에 바탕해 체계적으로 정리하는 의미
의 이력서다.

좀더 나은 직장이나 새로운 일자리를 찾는 사람이 아니라면,
자신의 이력서를 업그레이드하겠다는 생각을 가져본 적이 없을

것이다. 하지만 이력서는 자신을 관리하는 데 매우 중요한 역할을 한다. 평생직장의 개념이 사라진 시대에 사표를 쓰기는 쉬워도, 자신의 이력서를 주기적으로 정리하는 일은 바쁜 일상 속에서 분명 쉽지 않은 일이다. 사표란, 자신의 삶과 경력을 혁명적으로 전환시키는 역할을 하지만, 이력서는 자신의 삶과 경력을 '정화' 시키는 역할을 한다.

한 클라이언트가 회사에 명예퇴직을 신청하고, 내게 상담을 받으러 왔다. 그는 여느 클라이언트들과 달리 이미 다른 회사에 스카우트가 예정되어 있었다. 그것도 최고경영자가 직접 영입 경쟁에 나설 정도의 파격적인 조건이었다. 하지만 나는 그가 현재의 직장에서도 좋은 대우를 받고 있고, 또 그의 이력서를 살펴보니 너무 잦은 이직을 거쳐온 터라, 굳이 다시 회사를 옮길 필요가 정말 있는지 신중하게 물어보았다.

"저 또한 그 동안 철새처럼 너무 자주 둥지를 옮겨다녀서, 이제는 한 곳에 정착해야겠다는 생각을 합니다. 그런데 이번에 영입제의를 받은 회사가 곧 상장 등록을 한다더군요. 그렇다면 우리 사주 받고 몇 년 일하다가 제 사업을 시작하면 좋겠다는 생각이 들었어요. 이번에 옮기면 아마 직장생활의 마지막 이직이 될 것입니다."

특이하게도 그는 내가 '경력'이라는 말을 쓰는 곳에 유난히 '이력서'라는 말을 선호했다. 회사를 옮겨야 할지, 또는 어떤 대학원에 진학해야 할지를 결정할 때 자신의 현재 이력서를 주로 참고한다고 한다. 자기계발을 위해 그는 경영대학원 진학을 고려할 때도 자신의 경력 난이 너무 복잡한 탓에, 이력서에서는 대학시절 전공한 산업공학과 조화를 보여주기 위해 마침내 '산업대학원'을 선택하기도 했다는 것이다.

이를 두고 어떤 사람들은 너무 지나친 것이 아니냐는 반응을 보일 수도 있다. 하지만 이력서상에 서로 관련이 깊지 않은 '이직 사항', '학력 사항' 등이 얽혀 있다면, 이는 인사담당자의 눈살을 찌푸리게 하는 결과를 가져올 수도 있다.

각종 선거철에 어김없이 배달되어 오는 후보자들의 경력사항을 한번 살펴보라. 무슨무슨 직함과 무슨무슨 장·단기 학위과정이 수십 개에 이르는 사람보다는 한 분야에서 자신의 전문성을 심화시키기 위해 조화와 균형감 있는 경력을 쌓아온 인물에게 한 표를 행사한 경험이 있지 않은가.

하루하루 열심히 살아가는 직장인들이 자신의 경력을 한 발 물러난 자리에서 객관적으로 바라보기란 어려운 일이다. 하지만 자신의 과거와 현재 위치를 정확하게 들여다보고, 이를 통해 미래를 설계·준비하는 과정은 결코 미룰 수 있는 성격의 일이 아니다. 주기적으로 이력서를 업그레이드하다 보면, 자신에게 부족한 부문과 당장 필요한 부문을 발견할 수 있다.

직장생활을 하다 보면, 어느 순간 사표를 써야 할 시기가 오고, 자신의 경력을 전혀 새로운 사람들에게 공개해야 할 때도 오게 마련이다. 그와 같은 '때'를 어느 날 갑자기 맞이한 사람과, 때를 기다리며 차근차근 체계적으로 쌓아온 사람 사이에는 그야말로 극복할 수 없는 커다란 '차이'가 생겨난다. 이력서에 갖가지 사항을 끌어다 붙이는 사람과 많은 경력사항 중에서 핵심적인 것들만 조화롭게 정리하는 사람 가운데 누가 삶과 일에서 승리할 것인가. 바로 이 차이가 직장생활에서 결정적인 경쟁력이 된다는 것은 두말 할 필요가 없다.

사표 또한 마찬가지다. 내가 만나본 성공 직장인들은 의외로 당장이라도 그만둘 수 있다는 말을 서슴없이 한다. 그들은 언제든 이 좋은 직장을 자의든, 타의든 떠날 수 있다는 비장함을 갖고 있다. 그들은 사표를 '출사표'의 의미로 지속 관리해 나갔기에, 성공에 한 걸음 더 가까이 다가설 수 있었는지도 모른다.

사표와 이력서는 지금 당장 소용에 닿지 않는 직장생활의 비핵심적 요소일 수도 있다. 하지만 사표와 이력서는 언젠가 반드시 자기 삶의 핵심요소로 떠오를 것이다. 사표를 통해 인생의 '혁명'을 준비하고, 체계적인 이력서 관리를 통해 자신의 경력을 풍요하게 조율할 줄 아는 직장인들이 기어코 성공하고 말 것임을 확신한다.

09

십팔번이 아니라, 십구번을 만들어라

좋은 첫인상을 남길 수 있는 기회란 결코 두 번 다시 오지 않는다.
– 시어도어 루빈

CEO와 좀 멀리 외근을 나간 적이 있었다. 그의 차에 올라타면서 문득 궁금해졌다. 30대 초반이라는 패기만만한 나이에 외국인회사 최고경영자직에 오른 인물은 어떤 노래를 즐겨 들을까? 클래식, 아니면 뉴에이지? 하지만 정작 스피커를 타고 흘러나온 노래는 심수봉의 〈사랑밖에 난 몰라〉였다. 그는 운전대를 가볍게 손으로 두드리며 즐겁게 그 노래를 흥얼대다가 멋쩍은 듯 빙그레 미소 지었다.

"노래방 가서 부르려고 연습하는 거야. 내가 따라 부를 만한 노래가 있다 싶으면, 그걸 CD에 녹음해 차 안에서 듣고 또 듣고 한다네."

관리형이라기보다는 마케팅형 CEO에 가까웠던 그에게는 십팔빈보다는 십구번이 필요할 수도 있다는 생각이 들었다.

뭘 해도 피가 뜨거운 20대 시절에야 이른바 '신곡'에 대한 접수가 노래방보다도 빨라서, 노래방에 신곡 리스트가 뜨면 앞다투어 마이크를 잡던 사람들도, 직장생활을 하면서는 최신곡은 고사하고 '동방신기'가 영화제목인 줄 알고 있다가 어린 조카에게 망신을 당하기도 한다. 이쯤 되면 노래방 가서 부를 노래를 염두에 두고, 틈나는 대로 꾸준히 연습한다는 건 거의 불가능한 일이 된다.

회식이 끝나고 어느 정도 술이 오른 상태에서 노래방에 가면 모두 '그 밥에 그 나물.' 이른바 '7080' 콘서트가 열린다. 젊은 사원들도 분위기를 망치지 않기 위해 흘러간 옛노래를 불러제끼며 분위기를 싸하게 몰고가기 일쑤다. 자신이 부르고 싶은 노래보다는 어떤 특정한 사람들을 지나치게 배려한 나머지 회식의 대단원을 고통스러운 자리로 만들고 만다.

직장의 회식에는 늘 상사가 함께하게 마련이고, 비즈니스 미팅 후의 저녁자리에는 중요한 사업 파트너와 함께하게 마련이기 때문에 산업재해보상보험도 그 가치를 인정해 주고 있다. 따라서 회식 시간은 직장생활의 또 다른 기회다. 그저 그림자처럼 앉아서 흘려보낼 수도 있지만, 자신의 끼와 열정을 마음껏 발산함으로써 상대방에게 깊은 인상을 심어줄 수 있는 시간이다.

언젠가 외국 손님들을 모시고 노래방에 간 적이 있었다. 아니나 다를까, 〈사랑밖에 난 몰라〉를 연습했던 CEO께서는 신나는 댄스에서부터 구성진 트로트에 이르기까지 완벽하게 소화하는 모습을 보여주셨다. 자리를 함께한 사람들은 모두 박수를 치며 눈이 휘둥그레졌다. 그다지 잘 부르는 솜씨는 아니었지만, 다양한 레퍼토리를 바탕으로 좌중 앞에 당당하게 나서 마이크를 잡는다는 것 자체로 '앵콜!' 이라는 커튼콜을 받기에 충분했다.

직장생활 10년차라면, 다른 사람들이 잘 놀 수 있도록 배려할 줄도 알아야 하고, 자신 또한 잘 놀 줄 알아야 한다. 회식도 근무의 연장이라고 강조하며 부서 술자리에 무조건 참석을 강요하기보다는, '회식' 하면 절로 가슴이 뛰고 환한 미소를 지을 수 있는 문화를 만들어야 한다. 이를 위해서는 폼잡고 앉아 10년간 한결같이 지켜온 '십팔번' 을 들려줄 것이 아니라 새로운 '십구번' 을 개발해야 한다.

직장의 회식문화를 개선하자는 목소리가 높다. 하지만 나는 대한민국 직장 회식문화의 중심에 놓여 있는 술자리를 완전 부정하는 형식의 개선에는 결코 동의할 수 없다. 다만, 1차에서 삼겹살에 소주를 마신 후 노래방에 갔다가 여성 직원들 먼저 보내고 단란주점이나 룸살롱으로 숨어들어 가는 문화에는 반대한다.

술자리는 감성 마케팅에 관한 다양한 기획거리를 제공하는 긍정적인 문화다. 이를 정착시키기 위해서는 천편일률적인 술자리보다 좀더 다양한 프로그램을 가진 술자리를 만들어가야 한다.

"술 그 자체보다는 술자리가 좋아서 마신다"는 직장인들의 목소리에 귀를 기울여보라. 그리고 이를 내 부서에 적용시켜 보라. 젊은 직원들은 젊은 직원들끼리, 과장은 과장끼리, 부장은 부장끼리…. 이른바 '끼리끼리' 회식문화를 지양하기 위해서는 다양한 '십구번'을 만들어야 한다. 굴절없는 의사소통이 가능한, 함께하는 회식문화를 통해 감성 에너지가 충만된다면, 이는 업무성과를 끌어올릴 수 있는 훌륭한 촉진제가 될 것이다.

직장인들이여, 십팔번을 과감히 버려라. 십구번을 노래할 수 있어야 비로소 '이십번'의 미래를 준비할 수 있다.

10

'최고' 보다는 '최초' 가 되어라

내가 가지고 있는 최선의 것을 세상에 주라.
그러면 최선의 것이 돌아오리라.
– M.A. 베레

흔히 어떤 분야에서 일가견을 이룬 인물들 앞에 따라붙는 수식어는 보통 '최초', '최고', '최연소' 등의 '최' 자다. 사실 좀 잘나간다 싶은 사람들치고 '최' 자 한번 안 달아본 사람은 없다. 임원이나 CEO가 되지 못한 사람들 사이에도 이 같은 경력을 갖고 있는 경우가 많다. 즉 중·고교 시절에 전교 1등을 경험했던 사람들보다도 이 '최' 자를 달아본 사람들이 더 많다. 따라서 직장생활을 통해 이런 욕심을 갖는 것이 엄청난 야망일 것까지는 없는 듯하다. 하지만 이는 경력관리상에서 볼 때 중요한 의미를 지닌다. 어떤 일이든 간에, 신기원을 열어간다는 사실은 자기 삶과 일에 높은 탄력을 제공할 수 있는 계기가 될 것이다.

그렇다면 어떻게 해야 내 이름 앞에, 또는 내 직무 앞에 '최' 자를 붙일 수 있을까?

무엇보다 가장 좋은 것은 '최고'가 되는 일일 터다. 우리는 늘 최고가 되고 싶어한다. 정말 최고가 되지는 못해도 경쟁에서 상위를 점하고 싶어한다. 누구도 낙오자나 꼴등을 바라지 않는다. '최고'에 대한 열망과 그것을 이룬 사람에 대한 부러움은 성장의 모티브로 작용한다. 그리고 직장생활에서는 경쟁을 피할 길이 없다. 따라서 직장에서는 최고가 되었다는 희열과 그에 실패한 자들의 좌절과 낙담이 늘 교차하고 공존한다.

그러므로 어떤 일을 시작할 때는 그 분야에서 최고가 되겠다는 결심을 가져야 한다. 이는 성공적인 직장생활을 위한 선택이 아니라 필수조건이다. 여기에서 명심할 것이 있다. 최고가 되기란 분명 쉽지 않다. '최고'가 되겠다는 의지를 갖고 있는 사람과 그렇지 못한 사람 사이에는 커다란 차이가 생겨난다는 점을 우리는 주목해야 한다. 무엇 하나 다른 사람보다 뛰어난 점이 없다고 해서 일찌감치 자기자신의 내면에 한계선을 설정해서는 안 된다. 무엇 하나 뛰어난 점이 없으니, '최고'가 되겠다는 것 아닌가. 최고의 길을 향해 뛰고 있는 직장인과 자신의 한계선 안에서 타협하는 직장인의 골인 지점은 분명 엄청나게 다르다.

다음으로 '최연소'에 대해 생각해 보자. 최근 SK텔레콤의 윤송이 이사가 갖고 있던 최연소 박사학위 취득의 기록을 정진혁 박사가 23세로서 새롭게 바꾼 바 있다. 나의 클라이언트 중에서도 꽤 규모가 큰 회사 내에서 최연소 과장과 부장 승진이라는 기록을 갖고 있던 인물이 있었다. 그의 이력서에 적혀 있는 그 기록이 참으로 돋보였던 것이 사실이다. 게다가 전문대 졸업이라는 핸디캡을 '최연소' 타이틀을 다는 데 적극 활용했다는 차원에서 경력관리의 훌륭한 면을 보여주었다. 그의 경력을 살펴보면서 '나도 최연소로 무언가를 해낸다면 얼마나 좋을까?' 하는 바람을 간직하기도 했다.

하지만 대한민국 현실에서 '최연소' 타이틀을 달기란 쉽지 않다. 16년에 걸친 정규 학력과정을 마치고, 군대에 다녀와 직장생활을 시작하는 평균연령이 27~28세에 이른다. 따라서 안정적인 사회경력을 시작하는 나이는 최소 30대 초반에 이르러서야 가능하다. 공자孔子가 강조한 '이립而立'은 나이 서른 이

전에는 엄두도 내지 못하는 상황이다.

이 같은 직장인들을 위해 나는 '최초' 타이틀을 달아볼 것을 적극 권유한다.

'최고'가 될 수 없다면 '최초'가 한번 돼보자. 그렇다고 '최초'가 무조건 만만한 것은 아니다. 최초는 실제로 최고보다 더 어려울 때도 있고, 더 많은 도전정신을 필요로 하기도 한다. 물론 그만큼 더 인정을 받기도 한다.

삼성전자에서 최초로 여성간부를 대상으로 한 리더십 교육 프로그램을 개발하던 무렵이었다. 이 같은 프로그램은 삼성전자는 물론 국내 어느 기업에서도 이루어진 적이 없었다. 하지만 그룹 차원에서 미국인들이 와서 진행을 한 적은 있었다. 따라서 국내 '최초 시행'은 아니다. 그리고 정부기관에서 이 같은 프로그램이 한두 차례 진행된 적은 있었다. 그러니 사실 '국내 최초 여성간부 대상 리더십 교육 프로그램'은 아닐 수 있다. 하지만 '사기업'이라는 조건을 달면 '최초'라는 말을 붙일 수 있다. 따라서 나는 '국내 사기업 최초 여성간부 대상 리더십 교육 프로그램'을 개발해 낸 것이다!

다소 '최초'라는 말을 붙이기에 구차한 면이 없지 않지만, 이런 이름으로 기사화까지 된 바 있었다. 어쨌든 '최초'다. 최소한 사내에서는 이런 시도를 처음 한 것이니 나름대로 인정도 받았고, 내 경력에도 많은 도움이 되었다. 그 후로는 새로운 일을 하면서 나의 마음가짐이라던가 태도가 많이 달라졌음을 스스로 느꼈다. 그리고 대외적으로도 몇 년이 지난 후에 정부기관에서 내게 먼저 프로그램 제안을 의뢰하기도 했다. 마치 '제 논에 물 대기'처럼 느껴지는가. 하지만 모든 성공은 아전인수에서 비롯된다.

큰 성공은 우연하게 이루어지는 것이 아니라 작은 성공이 쌓이고 쌓인, 치밀한 결과물이다. 작은 '최초'가 모여 작은 '최고'를 이루고, 언젠가는 제대로 인정받는 '최초', '최고'의 결실을 얻을 수 있을 것이다. 중요한 것은 처음부터 너무 큰 것, 너무 어려운 것이 아니라 내가 할 수 있는 일 중에서 이 같은 의미를 부여할 수 있는 일이 무엇인가를 찾아내는 것이다.

'최고'는 많은 사람들이 추구하고 있고, 경쟁이 치열하다. 그렇기 때문에 도전해 볼 만하다. 하지만 '최초'는 그것을 추구하는 사람이 적고, 경쟁자가 적다는 장점이 있다. 그래서 그 가치를 얼마나 인정받을 수 있을지는 불확실하지만, 인정만 받는다면 '최고'보다 더 오랫동안 기억될 것이다.

11

자신의 맨얼굴을 들여다보라

모든 사람에게 있어서 고독은 하나의 친구다.
고독만큼 사귀기 쉬운 친구도 없다.
― 호로

"아내가 제주도 친정에 볼 일이 있어 1주일 동안 집을 비울 때였어요. '만세!' 하며 쾌재를 불렀죠. 1주일 간 내 세상인 만큼 그 동안 못 만났던 친구들도 만나고, 술도 진탕 마셔가며 모처럼의 자유를 만끽해야겠다는 생각에 절로 가슴이 뛰었답니다. 그런데 정작 알 수 없는 허탈감이 엄습하더군요. 1주일 내내 모든 약속을 뒤로 하고 평소보다 더 일찍 귀가했습니다."

누군가가 자신도 이해하지 못하겠다며 이와 같은 이야기를

❝ 모든 시끄러운 '치장'과 '허식'을 걷어내고 벌거벗은 자신의
몸과 마음을 내보일 수 있는 혼자만의 시간을 가져보라. ❞

털어놓은 적 있다.

사실 대한민국 직장인들은 일보다는 사람에 치여 살아간다. 출근을 위해 집을 나설 때도 배웅하는 아내와 아이가 있고, 버스와 전철에서는 낯선 사람들과 어깨를 부딪히며 이리저리 시달린다. 직장에서는 말할 것도 없다. 하루 종일 얼굴 맞대고 회의하고, 전화받고, e메일을 쓰면서 끊임없이 사람들과 마주한다. 퇴근하면 또다시 자신을 바라보는 가족의 시선이 정녕 부담스럽기까지 하다. 자신만을 온전하게 불러놓고 이런저런 대화를 나눠볼 시간이 없다.

사람들과 늘 함께한다는 것은 알게 모르게 커다란 에너지를 잡아먹는다. 내향성이 강한 사람이라면 더욱 그렇다. 우리가 일을 끝내고 집에 돌아갈 때 파김치가 되는 것은 업무 때문만이 아니다. 사람들에게 쏟은 에너지 때문이기도 하다. 사람에게서 얻는 시너지 효과도 크지만, 사람에게서 받는 스트레스도 실로 엄청나다.

또한 대인관계는 나에게 다양한 역할 모델을 요구한다. 집에서는 남편이자 아빠이고, 회사에서는 연구원이며, 친구들 사이에서는 동창회 총무다. 얼굴 표정도, 말투도 대하는 사람에 따라 달라진다. 그러므로 다양한 역할에 따른 다양한 에너지가 소모된다. 그리고 자신에 대한 평가 또한 역할 행동의 결과에 따라 달라진다.

이처럼 역할 행동이 강조될수록 자신의 정체성은 자신에게서조차 점점 소외되어 간다. 어느 날 문득 화장실에서 찬물로 씻은 자신의 맨 얼굴을 들여다보다가 와락 울음이 났다는 직장인도 있다. 갑작스러운 설움이 한꺼번에 밀려들기도 한다.

'나는 왜 여기에 서 있는가?'

'내가 누구인지 말할 수 있는 자는 누구인가….'

어느 날 갑자기 집에서, 직장에서 사라지는 사람들이 있다. 미국에서 만난 40대 가장은 젊은 시절, 주말이면 부인까지 직장에 동원하던 일벌레였다. 얼마 후 그는 홀로 호주의 외딴 바닷가에 둥실둥실 떠서 낚싯대를 드리우고 있었다. 얼마의 시간이 지난 후 현실과 타협해 미국 유학이라는 선택을 내려 그 곳에 와 있었다. 그러면서도 그는 나에게 자주 "내가 너처럼 1년만 살아봤으면 소원이 없겠다"고 했다. 그가 말하는 '너처럼'은 자신이 원하는 대로 사는 것이었다.

가장이 직장을 그만둔 채 태평양에 홀로 낚싯대를 드리우고, 자신의 학위를 위해 직장이 있는 부인까지 휴직을 시키고 미국에서 유유자적하고 있지만, 정작 자신은 진정한 자신과의 만남에 계속 목말라하고 있었다. 물론 그가 선택한 전혀 다른 삶을 평가절하할 수는 없다. 하지만 이는 분명 자기 정체성과 사회성과의 불일치에서 비롯된 심각한 일탈현상이 아닐 수 없다.

내가 만나본 성공 직장인들의 공통점 중 하나는 혼자서 즐기는 운동이나 취미가 한두 가지씩 꼭 있다는 것이다. 매주 혼자서 등산을 가거나, 바둑을 좋아해 혼자서 복기를 하며 여가를 보내거나, 마라톤 등 혼자만의 세계에 몰입할 수 있는 활동을 하거나, 하다못해 콘서트나 영화관람을 혼자서 즐기는 사람들도 꽤 많았다.

사람 좋기로 유명한 오 과장은 자신을 위해 한 가지 꼭 하는 일이 있다. 그는 퇴근을 하면 가족들과 간단한 인사만 나눈 채 자신의 방으로 들어간다. 그리고 그 안에서 최소한 30분만이라도 자신이 원하는 일을 한다. 그의 낙은 인터넷으로 만화 보기. 그는 아무리 밤을 새고 피곤에 찌들어 있어도 꼭 인터넷으로 만화를 본다. 그 후에 비로소 그는 얼굴을 씻고 밥상에 앉거나, 식구들과 남편이자 **아빠**로서 단란한 시간을 보낸다.

물론 집에 들어서자마자 혼자 방에 틀어박히는 오 과장을 그의 아내가 처음부터 인정한 것은 아니다. 하루 종일 아이들과 씨름한 자신을 위로해 주었으면 하는 바람도 간절했고, 가족과 함께 이야기를 나누는 가장을 원하기도 했다. 하지만 문제는 시간의 '질 quality'이었다. 오 과장이 혼자만의 시간을 갖지 못했을 때는, 그는 소파에 누워 잠자리에 들기 전까지 오직 TV 리모컨만 돌려댔다. 아이들과 놀아주라고 바가지를 긁어도 그냥 못 이기는 척 시늉만 할 뿐이었다.

이처럼 대한민국의 전형적 직장인의 가정생활을 보여주었던 그가, 자신만의 시간을 갖기 시작하면서 눈에 띄게 달라졌다. 그는 남편으로서, 아빠로서 역할 행동을 하는 데 생기에 넘쳤다. 마치 배터리를 충전시키듯, 그에게 자신만의 30분은 매우 의미가 깊은 시간이었던 것이다.

아내가 집을 비운 1주일 동안 오히려 일찍 귀가했다던 사람도, 자신만의 맨 얼굴을 들여다보는 즐거운(?) 고통을 갖기 위해서였을 것이다. 벌거벗은 자신의 몸과 마음을 오롯이 자신에게 내보일 수 있는 달콤함을 충분히 만끽했으리라.

삶과 일은 내게 늘 일정한 역할 모델을 요구한다. 이 같은 역할 모델을 피해 갈 수 있는 사람은 없다. 따라서 피해 갈 수 없다면, 그것을 즐겨야 한다. 그것을 즐기기 위해서는 무엇보다 자신과의 대화를 충분히 가져라.

직장생활 10년차라면, 이제 오히려 좀더 순수해질 수 있어야 한다. 그 모든 시끄러운 '치장'과 '허식'을 천천히 걷어내고, 자기 자신의 맨 얼굴에 책임을 질 준비를 해야 한다.

자신에게 위로받을 줄 아는 사람이 다른 관계들에게서도 따뜻한 위안을 받을 줄 안다.

12

think time을 지켜라

좋은 생각을 떠올릴 수 있는 최상의 방법은
많은 생각을 하는 것이다.
- 라이너스 폴링

빌 게이츠는 1년에 두 차례 '사색주간think week'을 갖는다고 한다. 짧은 기간이지만, 이 기간 동안에는 끼니를 살펴주는 사람의 잠시 방문 외에는 사람들과의 접촉을 일절 사양한다. 조용한 호숫가에 자리한 별장에서 철저하게 혼자 생각하고, 중대한 의사결정을 내린다고 한다. 미국 최고의 경제 부흥기를 창출했던 빌 클린턴은 아무런 방해 없이 집무시간의 35%를 혼자서 생각하고, 혼자서 일을 처리했다.

몇 년 전 삼성에서는 자신이 집중해서 일하는 시간에는 팻말을 책상에 세워놓고, 다른 사람의 방해 없이 일에만 집중하도록 배려했었다. 그 시간 동안에는 전화도 바꿔주지 않았고, 상사라도 말을 시키지 않는 것을 원칙으로 했다고 한다. 경영학의 구루 피터 드러커 박사 또한 무심코 흘려보내는 10~20분가량의 자유재량 시간을 통합, 한 가지 중요한 일에 한두 시간씩 집중할 수 있도록 시간을 관리해야 한다고 주장했다.

하지만 직장에서는 어떤 한 가지 일의 연속을 갖기란 쉽지 않다. 할 일은 산더미 같은데, 여기저기서 호출이 오기 일쑤이고, 가벼운 동료의 농담조차 '일 좀 하자!' 하며 버럭 신경질을 내고 싶을 때가 한두 번이 아니다. 게다가 최근에는 e메일에 메신저까지 등장해 말 그대로 24시간 내내 나의 시간과 일에 간섭하고자 시시각각 기회만 노리고 있다. 주변 동료들이야 인상 팍 쓰고 있으면 내 눈치를 살피느라 조심하게 마련이다. 하지만 e메일과 메신저는 나의 기분까지 살펴가며 온갖 간섭과 호출을 배달하지는 않는다.

그럴수록 업무의 성과를 높이려면 자신만의 think time을 갖는 것이 중요하다. 몇 년 전 직장인들 사이에서 큰 반향을 일으켰던 리처드 코치의 '80/20 법칙'에 따르면, 사람들은 일을 한다고 하지만 고작 20%의 시간 동안만 생산적일 뿐이라고 한다.
즉 하루 종일 회사에서 일을 한다고 앉아 있지만, 대부분 한두
시간만 집중하면 끝낼 수 있는 업무를 효과적으로 관리하지 못
하는 탓에, 늘 이렇다 할 성과 없이 격무에 시달린다는 느낌을
받게 된다는 것이다.

따라서 최소한 한두 시간가량은 자신의 집중력을 극대화할
수 있는 장치가 필요하다.

먼저 메신저와 인터넷을 막아놓아라. 그리고 주변정리를 하
라. 커피 마실 것은 다 마셔라. 업무협조를 마무리하라. 결재받
을 것은 미리미리 다 받아라. 이는 마음먹기에 따라 얼마든지
가능한 일임을 직장인들이라면 모두 동의할 것이다.

그리고 나서 자신만의 집중 시간을 만들어보자. 이 같은 시간
마련을 습관화하면, 주변 동료들은 거짓말처럼 그 시간에는 결
코 나를 방해하지 않는 습관을 갖게 된다. 철학자 칸트가 오후 4
시에 어김없이 산책을 나오면, 사람들이 이를 보고 시계를 맞추
었다는 일화가 있듯이, 내가 오후 2~4시까지를 나만의 집중시
간으로 설정해 놓고 꾸준히 실천하면, 동료들은 나의 그 시간을
배려하기 위해 업무 협조 패턴을 바꾸게 마련인 것이다.

일단 이 같은 습관을 갖게 되면 예전보다 훨씬 효율적으로 일

할 수 있고, 결과도 좋고, 자기만족도 또한 높아질 것이다. 물론 야근은 다른 사람의 몫이다.

또 다음과 같은 사례도 생각해 보자.

신입사원인 박모씨는 아예 업무시간에는 한 가지 일에 집중하는 것을 포기했다. 대신 한 시간 먼저 출근해서 자신의 일을 시작하거나 조용한 분위기에서 야근을 하며 자신의 일에 무서운 집중력을 발휘한다. 대신에 업무시간에는 기꺼이 상사들의 심부름도 하고, 농담에도 유쾌하게 참여하고, 이곳저곳 거래처에 전화를 넣어 안부를 묻기도 한다. 일단 이 같은 업무 패턴을 습관화하자, 오히려 자신의 삶이 정리된 듯한 차분한 기분이 든다고 털어놓는다.

내가 일과 살림을 동시에 하면서 깨달은 바가 있다면, 한꺼번에 여러 가지 일을 완벽하게 하고자 했다가는 그 어느 하나 제대로 되는 것이 없다는 점이다. TV를 보면서 밥상을 차리면 국에 간을 안 하거나, 생선이 너무 타버리거나, 밥상 앞에 앉아서도 빼먹은 것이 있어서 몇 번을 다시 일어나야 한다. 아이가 혼자서 장난감을 갖고 잘 놀고 있어 책을 펴면, 어느 결엔가 아이가 다가와 홱 낚아채고는 한다. 그러다 보면 꼭 큰 소리가 터져

나온다.

한때 나는 멀티 태스킹multi tasking을 나의 가장 강력한 장점 중 하나로 꼽았었다. 하지만 다시 마음을 고쳐먹었다. 아이를 돌보는 것이 가장 중요한 일이라면, 다 접고 아이가 하자는 대로 장난감을 갖고 놀아주는 게 가장 편하다. 컴퓨터 작업을 해야 할 때는 일단 아이를 재우는 일에 최선을 다한다. 아이가 잠들면 TV를 끄고 해야 할 일의 리스트를 작성한 다음 컴퓨터를 켜고 하고자 했던 일만 뚝딱 해치운다. e메일 서버에는 특별한 경우가 아니고서는 결코 접속하지 않는다.

음악과 공부를 결코 병행해서는 안 된다. 음악을 들으며 두 시간 공부하느니, 한 시간 음악 듣고 한 시간 공부하는 것이 훨씬 효과적이라는 사실은 임상실험을 통해 여러 차례 입증된 바 있다. 어차피 처리해야 할 일이라면, 뒤로 미루거나 어떤 다른 행위와 결코 결합시키지 마라.

성공하고 싶다면, 성공한 사람들의 집중 습관을 적극 벤치마킹해야 한다.

13

때로는 스트레스도 힘이 된다

나는 눈과 귀를 잃었지만, 정신만은 잃지 않았다.
- 헬렌 켈러

 몸과 마음에 이상을 느껴 큰맘 먹고 병원을 방문하면 꼭 듣는 이야기가 있다.

"스트레스 받지 마시고, 규칙적인 생활하세요."

그것 참, 대한민국 직장인들에게 이는 정녕 맥 빠지는 권유가 아닐 수 없다. 스트레스 받고 싶어서 받는 사람이 어디 있겠는가. 규칙적인 생활과 바른 식습관을 유지하려면 당장 직장부터 때려치워야 한다.

고질적인 어깨근육통 때문에 한 동안 각종 병원을 전전한 적이 있었다. 병원은 달라도 가서 듣는 이야기는 한결같았다.

"스트레스 너무 받지 마시라니까요."

아니나 다를까, 다니던 회사를 그만두었더니 딱 하루 만에 씻은 듯 통증이 사라졌다.

직장인에게 스트레스는 떼려야 뗄 수 없는 '연적戀敵'인 듯하다. 따라서 스트레스를 받지 않을 방법이 없다면, 스트레스를 즐길 수밖에 없다. 간암을 이겨낸 전 서울대 병원장 한만청 박사는 암을 적이 아닌 친구처럼 다스렸다고 한다. 스트레스와 선의의 경쟁을 벌이되, 늘 승리할 수 있는 전략에 대해 궁리해 보자.

사실 스트레스가 그렇게 나쁜 것만은 아니다. 이른바 '유스트레스eu-stress'는 일상생활에 긍정적인 영향을 미친다.

평소 연정을 품었던 상대가 마침내 데이트 신청을 받아들였을 때, 큰 상을 탔을 때 받는 유스트레스는 삶의 활력소 역할을 한다.

문제는 우리가 흔히 말하는 부정적 스트레스인 '디스트레스di-stress'다. 그러나 디스트레스도 꼭 나쁜 것만은 아니다. 명심할 것은 스트레스 없는 사람은 성장도, 발전도 없다는 사실이다.

평소 운동과는 거리가 멀었던 사람이 어느 날 갑자기 윗몸일으키기를 몇 개 하고 나면, 배근육이 찢어질 듯한 고통을 느끼게 마련이다. 실제로 배근육이 작게 파열되기도 한다. 하지만 이 상처는 24~48시간가량 지나면 자연 회복되고, 좀더 큰 강도에서도 견딜 수 있는 힘을 축적하게 된다. 그래서 전문가들은, 이 같은 운동은 매일 하는 것보다 이틀 간격을 두고 할 것을 권유한다.

사람의 정신적 스트레스도 마찬가지다. 아주 힘든 일을 견디고 나면 그 후로는 웬만한 일에 스트레스 받는 정도가 덜 고통스럽게 느껴지게 마련이다. 아줌마들이 애를 낳고 나면 못 하는 일이 없다고 하는 것도 이 같은 맥락에 닿아 있다.

중요한 점은 스트레스 강도를 체계적으로 관리할 수 있어야 한다는 것이다. 운동의 왕초보가 첫날부터 감당할 수 없을 만큼 무거운 역기를 들었다 났다 하며 이튿날 도저히 정상적인 생활을 할 수 없을 만큼 근육에 손상을 입는다면, 걷는 일조차 힘겨워하며 두 번 다시 헬스클럽을 찾지 않을 것이다. 따라서 자신이 감당할 수 있는 크기의 스트레스를 견뎌내고, 회복기를 갖고, 좀더 큰 스트레스에 도전한다면, 스트레스에 대한 내성이 점점 증가하게 될 것이다.

내가 감당할 수 없을 것 같은 일에 조금씩 도전하고, 그것을 어렵게 성취한다면 그 다음에는 더 큰 일에 부딪혀볼 수 있는 자신감을 얻게 된다. 정신적 스트레스는 물론 일을 다루는 솜씨 또한 눈에 띄게 향상된다. 그리고 스스로 자신의 능력이 어느 선까지인지도 확인할 수 있는 좋은 기회다.

1주일 정도 걸릴 듯한 기획안이 있다고 치자. 그것을 1주일 안에 해도 되지만 닷새 내에 마치겠노라 큰소리치고 밤새 머리를 쥐어뜯으며 일할 수도 있다. 그리고 정말 닷새 내에 그 일을 끝냈다면, 이는 차후 그와 같은 성격의 업무를 닷새 내에 마칠 수 있는 힘을 기른 것과 같다. 때로는 슬픔도 힘이 된다고 했던가. 때로는 스트레스도 나를 변화시키는 좋은 힘이 될 수 있다.

신입사원이 들어오면 선배들이 어깨를 으쓱하며 꼭 한 마디를 잊지 않는다.

"내가 신입사원 시절엔 말이야…."

그 어렵던 시기들을 거쳐오면서 단련된 실력과 노련함을 신입사원에게 기대하는 것은 아닐 것이다. 다만 그렇게 어려운 시기를 거쳐야만 조직에서 필요한 사람으로, 생산성 높은 사람으로 살아남을 수 있다는 진심어린 충고일 터다.

앞에서 말했듯 모든 스트레스를 견뎌내야 하는 것은 아니다.

일을 하는 데, 내가 성장하는 데 필요한 스트레스는 긍정적인 힘으로 관리하고, 발전에 전혀 도움이 되지 않는 스트레스는 그 원인을 찾아 제거해야 한다.

예를 들어 상사에게 지속적으로 성희롱을 당한다거나, 끊임없이 인간적인 모욕을 받는 따위의 스트레스는 결코 긍정적인 힘으로 변화시킬 수 없다. 이는 삶의 근본적 가치마저 왜곡시킬 수 있는 심각한 문제이므로, 과감하게 그 원인을 제거해야 한다.

직장인 10년차라면 자신의 스트레스뿐 아니라 팀원들의 스트레스도 효율적으로 관리해 주어야 한다. 스트레스는, 그것을 극복하는 사람에게는 도저히 당해낼 재간이 없다. 때로는 연인처럼, 때로는 친구처럼, 때로는 치열한 라이벌처럼 스트레스를 다스리자. 스트레스를 극복할 수 있는 백신은 오직 나 자신만이 만들 수 있다.

재테크에 관심이 있는 사람이라면 한번쯤 어디선가 들어봤을 법한 필명이 있다. '피터팬'. 국내 최대 재테크 포털 사이트 '모네타'의 재테크 파트 운영진인 구재성(37) 과장은 그 스스로가 균형 있는 시각을 가진 인기 재테크 칼럼니스트이기도 하다. 네번째 직장을 다니고 있지만, 그게 두 개의 그룹을 번갈아 들어가고 나온 것이라는 이력이 예사롭지 않다. 사람냄새 물씬 풍기는 그에게 직장생활에 대해 들어본다.

1. 회사는 왜 다니는가?

고등학교 다닐 때 직장의 의미를 배웠다. 자아실현, 사회봉사, 생계유지. 사실 얼마 전까지만 해도 나에게는 자아실현의 의미뿐이었다. 하지만 결혼을 결심하고 계획하면서 생계유지가 왜 직장의 3대 의미 중 하나인지 뼈저리게 느끼고 있다. 회사를 다니는 이유는 그때그때 조금씩 달라지는 것 같은데, 지금은 돈 벌러 다닌다. (웃음) 앞으로 30년, 나의 재정계획을 세워보면 웃을 일이 아니다.

2. 직장생활을 10년 가까이 하는 동안 위기는 없었는가?

직장생활 시작한 지는 10년이 넘었다. 하지만 일한 연수는 10년이 안 된다. 다니고 있던 경기은행이 한미은행과 합병되면서 3분의 1은 구조조정이 되고, 3분의 2는 계약직으로 흡수되었다. 그 상황을 받아들이기도 어려웠고, 새 회사에서 일을 하면서도 갈등이 무척 심했다. 그래서 그만두었는데, 대책 없이 그만둔 탓에 6개월 동안 무직상태로 방황했다.

3. 마음고생이 심했을 것 같은데, 위기는 어떻게 극복했는가?

사실 가장 큰 위기였지만, 그 시간이 가장 큰 인생의 전환점이었다. 그 때 노동부에서 주관하는 실직자 교육을 받았다. 한창 붐이던 프로그래밍 교육을 무작정 받았는데, 그것이 나의 하나의 강점이 되어 금융권 온라인 사업에서 뛸 수가 있게 되었다. OK Cashbag에서 근무를 할 수 있었던 것도 이런 점 때문이고, 다시 한미은행으로 '돌아온 장고'가 되어 대리 연차에 과장으로 입사, 연간 신용카드 마케팅 목표의 두 배 가까이를 상반기에 달성하고, 다른 온라인 사업을 추진할 수 있었던 것도 이 시기의 와신상담하던 자세와 배운 기술 때문이 아닌가 싶다.

4. 회사를 세 차례 모두 성공적으로 옮겼는데, 비결이 있는가?

100% 인맥이다. 세 번 모두 인맥을 이용해서 옮겼다. 알아서 소개해 주신 경우도 있고, 심사과정에서 우연히 내가 지원한 것을 알고 적극적으로 밀어주신 경우도 있다. 그렇기 때문에 학벌이고 경력이고 내세울 것 없는데도 계속 대기업에만 다니고 있다. (웃음) 인맥관리는 비법이랄 게 없다. 나를 잘 알지 않는가? 그냥 일 없이 안부 전화하고 만난다. 술은 많이 마시지

않는다. 대신 화요일과 목요일 오후 나른한 시간에 전화를 걸어 안부를 묻고, 부탁할 일은 보통 e메일로 보내서 내 전화를 부담스러워하지 않도록 한다.

5. 10년씩이나 성공적인 직장생활을 이어왔는데, 직장생활에 대한 신념이나 습관이 있는가?

학교 다닐 때부터 늘 30분 일찍 출근했다. 일할 준비도 하고, 요즘은 내 앞으로의 30년에 대한 고민과 준비를 한다. 남보다 빨리 준비해야 실수를 하지 않는다는 것이 내 신념이다. 또한 직장을 자의와 타의에 의해서 자주 옮겼는데, '나올 때 아름답게' 했기 때문에 가능했다. 직장을 옮기더라도 사람들과 좋게 지내다 나오고, 떠나는 그날까지 인수인계 철저하게 해주고, 옮기고 나서도 새 담당자에게 전화해서 적극적으로 마무리를 지었다.

6. 직장생활 10년에 아쉬움은 없는가?

왜 없겠는가? 외국어를 익히지 못한 것이 안타깝다. 언어는 단순한 기술이 아니라, 직장생활을 하는 데 인프라라는 생각이다. 만약 내가 영어를 잘 했다면 지금 더 많은 기회가 있을 것이다. 또한 내가 정말 좋아하고, 잘 하는 것을 발견하고 그것에 매진하지 못했다는 것이다. 매 순간순간 열심히 살았고, 성취도 해왔지만, 대부분 '올해' 이상을 보지 못했던 것 같다. 다시 살 수 있다면, 이것을 발견하는 데에 더 많은 노력과 에너지를 투자하고 싶다.

7. 앞으로는 어떻게 직장생활을 하고 싶은가?

팀장이나 임원을 하는 것도 하나의 옵션이다. 그러기 위해 한번 정도 더 회사를 옮길 수도 있다고 생각한다. 하지만 누가 알겠는가? 오늘 연봉 협상하는 날이다. (웃음) 이제는 직장 속에 나를 넣는 것이 아니라, 내 인생을 조금 더 길게 보고, 내 인생 속에 직장을 넣어야겠다.

14

피로를 모르는 직장인들의 7가지 좋은 습관

일하고 난 후가 아닌 휴식은 식욕이 없는 식사와
마찬가지로 즐거움이 없다.
– 힐티

1986년 챌린저호 폭발 사건을 기억하는가. 발사 직
후 곧바로 폭발함으로써 탑승한 7명의 귀중한 목숨을 빼앗고,
미국의 자존심에 커다란 상처를 입힌 바로 그 사건 말이다. 이
를 통해 첨단 우주산업의 선두주자로 자처했던 최정예 인력들
이 고개를 들지 못했다. 폭발의 원인은 과연 무엇이었을까. 바
로 '피로' 였다. 하루에 20시간 이상 격무를 지속한 항공우주국
직원들이 피로를 이기지 못한 채 그만 치명적인 판단 실수를 저
지르고 만 것이다.

천재 소리 듣고 자라고, 엘리트 교육을 받았으며, 엄청난 연봉을 보장받고, 그 뛰어난 능력을 인정받는 최고의 프로페셔널도 피로 앞에서는 아마추어 신세를 면치 못했던 것이다.

스트레스는 즐길 수 있지만 피로는 결코 즐길 만한 대상이 아니다. 스트레스와 피로는 동전의 앞뒷면과 같이 밀접한 관계에 있지만, 또한 동전의 앞뒷면과 같아 그 대처방식에서 교집합을 구할 수가 없다. 대한민국 직장인들이 피해갈 수 없는 피로, 하지만 결코 '의존' 해서는 안 되는 것 또한 피로다.

'어떻게 하면 피로와 정면승부를 펼치지 않을 수 있을까?'

나는 이른바 성공 직장인들을 만날 때마다 그들만의 '피로 해소' 노하우에 대해 꼭 질문하곤 한다. 그들의 비결을 소개하면 다음과 같다.

첫째, 활기에 찬 직장인들은 커피를 마시지 않는다. 물론 그들 또한 한때 카페인 중독자였다. 하지만 커피를 끊고 나니 그만큼 피로 대신 활력을 몸과 마음에 불어넣을 수 있었다고 한다. 또한 커피를 끊은 사람은 금연에 성공할 확률이 높다. 니코틴과 카페인은 상호 상승작용을 통해 사람의 기분을 각성시키고, 이내 곧 무력하게 만든다. 다시 말해 금연을 결심했다면 먼저 커피부터 끊어야 한다는 것이다. 금연 결심을 물거품으로 돌려놓는 장본인이 바로 커피다.

둘째, 피로를 모르는 직장인들은 점심시간을 매우 효율적으로 활용한다. 즉 그들은 회사 로비를 빠져나올 때까지 무엇을 먹어야 할지 몰라 우왕좌왕 시간을 허비하지 않는다. 또한 유명한 맛집 앞에 줄을 서지도 않는다. 그들은 그다지 유명하지는 않지만 정갈한 식당 4~5개 정도를 선정해 놓고, 요일별로 행선지를 정한 다음 미련 없이 그 곳으로 곧장 간다. 그래야만 금쪽같은 30~40분가량의 시간을 벌 수 있다는 것이 그들의 지론이다. 그 벌어놓은 시간을 활용해 몸과 마음을 효율적으로 재충전함은 물론이다.

셋째, 지칠 줄 모르는 직장인들의 술자리는 대체로 주초(월~수)에 잡혀 있다. 주초에 술을 마시면, 늘 이튿날 출근을 고려하게 되기 때문에 긴장을 풀지 않고 절제할 수 있다. 즉 주5일 근무제에 따라 금요일 저녁에 술을 마시면, 허리띠 풀어놓고 어김없이 폭음을 하게 된다는 것이다. 그러면 황금같은 주말 이틀을 망친다.

넷째, 피로가 쌓일 틈을 허용하지 않는 직장인들은 철저히 쉰다. 다른 것 다 양보해도 휴가만큼은 절대 양보할 수 없다. 공휴일은 물론 월차, 연차 등을 꼼꼼하게 챙긴다. 휴식을 보장해 주지 않는 회사는 미련 없이 그만둔다. 그들은 내게 한결같이 말한다.

"회사에서 밀려나는 사람은 일을 못해서지, 휴가를 찾아먹어서가 아니죠."

다섯째, 피로와 담을 쌓은 직장인들에게는 반드시 '멘토'가 있다. 바라만 봐도 피로가 풀리는, 자신의 모든 흉금을 가감없이 털어놓을 수 있는 멘토를 갖고 있다. 멘토라고 해서 꼭 사람에 한정되는 것은 아니다. 한 권의 만화책일 수도 있고, 파티션 벽에 붙여놓은 한 장의 아름다운 그림일 수도 있다. 어쨌든 그들에게는 터벅터벅 찾아가 온전하게 위로받을 수 있는 깊은 멘토가 존재한다.

여섯째, 피로를 절대 피해가는 직장인들은 정리의 달인이다. 정리되지 않은 주변은 피로를 가중시킨다. 실제로 내가 이 책의 집필을 위해 만난 어느 직장인은, 자신의 책상을 〈세한도〉라고 부른다. 추사 김정희의 〈세한도〉를 연상시킬 만큼 그의 책상은 참으로 단순하면서도 깊고 그윽했다. 책상 정리뿐 아니라 수첩, 다이어리, 컴퓨터 업무파일들도 늘 정갈하게 유지할 수 있을 때 자신의 에너지가 비효율적으로 소모되는 일을 최대한 방지할 수 있다는 것이 그들의 한결같은 주장이었다.

마지막으로, 결코 피로해져서는 안 되는 직장인들은 삶과 일의 차원에서 10년 이상의 장기 프로젝트를 갖고 있다. 하루하루 100m 전력질주를 하다가는 언제, 어느 순간에 자신의 의지와는 상관없이 무대에서 쓸쓸하게 퇴장하는 경우를 맞이할지 모른다.

"피로는 결코 가불해서는 안 됩니다. 10년 피로를 1년에 모두 당겨 받은 사람의 미래는… 흠… 불 보듯 뻔하지 않겠습니까?"

대한민국 직장인들에게 피로는 결코 넘을 수 없는 산과도 같다. 수단과 방법을 가리지 말고, 최선을 다해 피로를 우회하라!

15

인생의 컨셉을 잡아라

내일의 일을 훌륭하게 하기 위한 최선의 준비는
바로 오늘 일을 훌륭하게 완수하는 것이다.
– 엘버트 허버드

컨설팅을 진행할 때 먼저 나는 클라이언트들이 지금껏 치열하게 통과해 온 삶에 귀를 기울인다. 그러고는 때로는 미소를 지으며, 때로는 심각한 표정으로 묻는다.

"궁극적으로 어떻게 살고 싶으세요?"

"앞으로 어떤 일을 하고 싶으신가요?"

그러면 그들은 고개를 갸우뚱하며, 정작 시원한 대답을 내놓지 못한다. 대체로 나를 찾아오는 클라이언트들은 '현재'라는 시제에 자신의 모든 역량의 무게중심을 둔다. 머리를 긁적이며 그들은 말한다.

"어쨌든…. 지금 당장 뾰족한 해결책이 있었으면 좋겠습니다."

이는 여행사를 방문해 "어떻게든 여행을 떠나야 하는데, 뭘 어떻게 해야 하나요?"라고 묻는 것과 같다. 뚜렷한 '목적지'가 없는데, 구체적인 '방법'에 대해 생각하는 것은 무의미하다. 섬에 가고 싶으면 배를 타야 하고, 하루라도 빨리 훌쩍 바다를 건너고 싶다면 비행기를 타야 한다. 고요한 전나무 숲길을 걷고 싶다면, 기차나 버스 또는 승용차를 그 이동수단으로 삼아야 한다. 꼼꼼하게 예산도 책정해야 하고, 지도를 펼쳐놓고 자세한 여정도 짜야 한다. 하지만 무엇보다 나 자신에게 진정 '어디로 가고 싶은가?'에 대한 겸허한 확신을 주어야 한다. 다행하게도 나의 클라이언트들은 대략의 목적지는 정하고 찾아온다. 경제적으로 풍요한 삶을 살고 싶다던가, 자유로운 삶을 살고 싶다던가, 외국에서 일을 하고 싶다는 막연한 꿈은 갖고 있다.

즉 기본 컨셉은 있다. 화창하고 따뜻한 휴양지로 갈 것인지, 험준한 산을 오를 것인지, 세계적인 명승지를 관광할 것인지에 대해 일정한 결심은 갖고 있다. 이 같은 결심을 결실로 이어가기 위해서는 구체적인 '목적지'를 결정해야 한다. 경제적 여유를 바탕으로 좀더 넓은 세상으로 나아가고 싶은 사람은 미련 없이 넥타이를 훌훌 벗어던지고 유학길에 오를 수도 있다. 직장생활이 좀처럼 적성에 맞지 않아 고민하는 사람은 어떻게든 작은 종자돈이라도 마련해 소박한 창업을 준비해야 할 것이다.

그리고 목적이 분명한 삶의 경우, 그 꿈에 이르는 길이 생각보다 훨씬 단순하게 마련이다. 사람들은 늘 많은 선택의 상황 앞에서 깊은 생각에 잠긴다. 하지만 사실 이처럼 고민하는 이유는, 현재 어떤 선택이 현명한지에 관한 것이라기보다는 무엇을 선택해야 하는지에 대한 뚜렷한 목표가 없기 때문이다. 또는 목표에 대한 정확한 인식과 정보가 없거나, 자신의 능력 밖 세상에 대한 막연한 상상에 그치기 때문이다.

한 중견기업에 다니는 30대 중반의 고 대리는 외국인회사로 이직을 해야 할지, 아니면 창업을 해야 할지, 부서를 옮겨야 할지, 국내 대학원에 진학해야 할지, 유학을 가야 할지 모르겠다며 각각의 가능성과 장·단점에 대해 장황한 설명을 늘어놓는다. '참 많은 것을 알아보았구나' 하는 생각도 얼핏 들지만, "무엇이 되고 싶으신 거예요? 승진해서 임원이 되고 싶으신 거예요? 지금 하시는 일과 관련된 창업을 하고 싶으신 거예요? 전혀

❝ 지금껏 아무 준비 없이 무작정 앞만 보고 거칠게 달려왔다면,
이제는 인생의 컨셉을 잡고 풍요한 삶의 매력을
경험해야 할 때다. **❞**

새로운 창업을 하고 싶으신 거예요? 대학강단에 서고 싶으신 거예요?"라고 묻자, 마치 망치로 얻어맞은 듯한 표정을 짓는다.

그는 나름대로 많은 정보들을 수집했지만, 미처 자신의 '목적지'에 대해서는 생각해 보지 못했다고 털어놓는다. 그리고 문제는 그의 앞에 놓여진 다양한 선택들이 동시에 이루어지거나, 서로가 서로에게 '대안'의 역할을 할 수 없다는 데에 있다.

고 대리와 같이 많은 삶의 옵션을 갖고 있는 상황에서는, 딱히 무엇을 결정하기란 참으로 골치 아픈 일이 아닐 수 없다. 그저 미래에 대한 막연한 불안감만 안고 있는 상황에서 고 대리는 외국인회사를 염두에 두고 영어회화 학원에 등록하고, 대학원 진학을 위해 토플 공부를 시작했으며 회사에서 진행 중인 1년짜리 프로젝트에 참여함과 동시에 헤드헌터를 만나고 다닌다. 참으로 바쁘고, 고달픈 인생이 아닐 수 없다.

고 대리에게 가장 중요하고 시급한 것은 무엇보다 인생의 컨셉을 설정하고, 그에 맞는 마스터플랜을 짜는 일이다. 이 같은 과제들이 선결되지 않으면, 그에게 토플 공부가 왜 필요한지, 1년짜리 장기 프로젝트에 왜 참여해야 하는지 등에 대해 효과적인 대답을 찾을 수가 없다.

내가 준비하고 있는 '현재'는 진정 어떤 '미래'로 가고 있는 과정인가에 대해 끊임없이 자기 자신에게 묻고 그 해답을 얻어야 한다. 어디로 갈 것인지도 모르는 채 비행기를 탈지, 배를 탈지에 대해 고민할 수는 없는 노릇 아니겠는가. 목적지가 부산인데, 유럽행 비행기 운임과 미국의 기상 변화까지를 고민하는 어리석음을 대체 어찌해야 하나!

마스터플랜이라고 해서 거창하거나 아주 구체적일 필요는 없다. 이는 상황에 따라 다양하게 변화할 수 있다. 하지만 끝끝내 인생의 컨셉만큼은 반드시 포함하고 있어야 한다.

물밑에서는 새까만 발을 고통스럽게 저어대고 있지만, 수면 위로는 그 모습이 화려한 백조와 같은 삶을 원하는지, 개처럼 벌어서 정승처럼 쓰는 인생을 원하는지, 소박한 꿈을 꾸며 평균 수준의 삶을 유지하는 데 초점을 맞출 것인지에 대해 분명한 컨셉을 갖고 있어야 한다.

이를 위해서는 10년 단위의 마스터플랜이 필요하다. 즉 현재 서른 살이라면, 마흔 살까지의 꼼꼼한 여정과 항해일지가 요구된다. 사오정 소리에 공감하는 40대라면, 인생 '이모작'을 위한 쉰 살까지의 삶에 대한 따뜻한 성찰과 혜안이 돋보이는 계획을 수립해야 한다.

예를 들어 은퇴 후 일정한 수준의 사회적 지위와 대인관계를 유지하고 싶다면, 그에 걸맞은 준비를 해야 한다. 즉 사회적 지위를 위해 책을 한 권 쓰겠다든가, 원만한 대인관계를 위해 취미와 지향점이 같은 인터넷 커뮤니티 모임에 적극 참여하겠다는 계획이 마스터플랜에 포함되어야 한다.

은퇴 후 부자는 아니더라도 경제적 자립을 유지하고 싶다면, '고령화 사회'에 맞춤한 재테크 다이어리를 계획하고 경제적·사회적 트렌드 읽기에 부지런해야 한다. 지금 다니고 있는 직장에서 승부를 내고 싶다면, 나이 마흔에는 자신의 일터에서 최고의 프로페셔널이 되어 있어야 한다. 직장인 10년차의 미래는 이른바 '프로페셔널의 조건'에 달려 있다. 40대에 한 분야에서 최고의 전문가가 되어 있다면, 그의 미래는 다양한 기회를 견인해 올 것이 분명하다. 그 때 이직을 고려해도 결코 늦지 않다.

미래에 대한 불안감 때문에, 또는 현재 상황에 대한 막연한 짜증이나 염증 때문에 헤드헌터를 만나러 동분서주하거나 무작정 해외 유학을 서두를 필요가 없다. 자신의 시간과 에너지를 '어디에' 쏟아야 할 것인지에 대한 방향타가 결정되면, 세상에는 그 곳으로 가는 다양한 길들이 활짝 열려 있음을 자연스럽게 깨닫게 될 것이다.

3박4일 일정의 여행에도 장·단기 계획이 필요하게 마련이다. 하물며 오직 한 번뿐인 인생을 아무 준비 없이 그날그날 견뎌내고 있다는 것은 이미 삶을 포기한 것과 그 무엇이 다르겠는가. 무작정 달리는 사람은 언젠가 삶의 목적지에 닿는 것이 아니라, 삶의 '절벽'에 부딪히게 마련이다.

늦은 때란 없다. 지금부터 내 삶의 컨셉을 차근차근 마련해보자. 내 삶의 마스터플랜이 내 삶을 풍요하게 만드는 매력적인 경험을 차근차근 쌓아나갈 수 있을 것이다.

16

머리는 첨단 디지털! 가슴은 따뜻한 아날로그!

이렇게 생각하며 살라. 즉 그대는 지금이라도 곧
인생을 하직하지 않으면 안 되는 것이라고. 이렇게 생각하며 살라.
즉 당신에게 남겨져 있는 시간은 생각지 않은 선물이라고.
– 아우렐리우스

 언제, 어디서나 전화를 걸고 받을 수 있으면 얼마나
좋을까?

내가 쓴 편지를 곧바로 실시간 전달할 수 있으면 얼마나 좋을
까? 그것도 무료로.

10여 년 전만 해도 상상 속에서나 그려봤음직한 일들이 오늘
날 우리 현실에서 버젓이 일어나고 있다. 즉 머릿속 꿈이 눈앞
에 멋지게 펼쳐지고 있는 매력적인 디지털 시대다.

이를 통해 우리의 생활은 진정 혁명에 가까운 변화를 맞이했

다. 하지만 이 같은 디지털 기술의 눈부신 성장은 우리의 삶을 단지 편리하게만 바꾸어놓은 것 같지는 않다.

휴대전화, 인터넷, e메일이 없는 세상은 이제 상상 속에서나 가능한 일이다. 따라서 휴대전화를 깜빡 집에 두고 나온 날은 하루 종일 불안하다. 인터넷이 단 몇 분만 에러가 나도 온 세상이 야단법석이다. 따뜻한 가슴보다는 차가운 머리를 강조하는 시대에 우리는 살고 있다.

직장 다닐 때 전자결재를 올리면 늘 밤 12시쯤 결재를 해주던 상사가 있었다. 그 때까지 회사에서 일을 하시는가 싶어 비서에게 물어보니, 임원진은 집에서도 회사 시스템을 이용할 수 있기 때문에, 아마도 퇴근 후 집에서 결재를 하시는 것 같다고 했다.

당시 나는 그와 같은 시스템 이용이, 평직원은 꿈도 못 꾸는 엄청난 특혜처럼 느껴졌다. 하지만 곧 나도 그 시스템을 웹상에서 사용할 수 있게 되었고, 그것이 결코 특혜가 아니라 깊은 압박과 부담이라는 사실을 깨달았다. 그 시스템을 사용할 수 있는 한 인터넷 라인만 들어오면 모든 곳이 일터가 되었고, 하루 24시간이 온전히 근무시간이 되었다. 밤 11시에 e메일을 확인하라면 해야 하고, 주말에도 급한 일이 있으면 컴퓨터 앞에 앉아

처리해야 했다.

휴대전화도 마찬가지다. 예전에는 너무 이른 시간이나 늦은 시간에 전화를 거는 것은 큰 실례로 여겨졌다. 하지만 이제는 휴대전화가 있기에 통하지 않는다. 모두가 잠든 밤에 고요하게 울리는 휴대전화 진동소리는 나를 다시 일의 세계로 불러들인다. 전화를 안 받거나 못 받았다는 핑계를 댈 수도 없다. 수신자 번호가 명확하게 찍히기 때문에, 어떻게든 회신을 해주어야 한다.

첨단 디지털 기기들은 우리를 때와 장소에 관계없이 호출한다. 인공위성을 통해 위치 추적까지 가능해 숨을 곳이 없다. 이처럼 점점 열린 세상으로 변해갈수록 직장인들은 문득문득 쓸쓸하고 외롭다는 느낌을 갖는다. 왜일까? 열린 세상, 열린 경쟁 시대를 숨가쁘게 달려가느라, 모두들 정작 가슴을 열기가 어려워졌기 때문이다.

직장생활 10년차에게 묻는다. 업무가 아니라 인생을 물어오는 후배가 있는가? 업무 매뉴얼의 하나로 치러지는 회식자리가 아니라, 연탄불에 꽁치를 굽고 매운 눈을 비비며 소줏잔과 가슴을 나눌 수 있는 넉넉한 선배가 있는가? 제아무리 세상이 눈이

핑핑 돌 정도로 **빠르게** 변해간다 해도, 그 모든 것은 바로 '사람' 이 하는 일이다. 사람이 사람을 만나는 데 어떤 이유가 있을 것이며, 사람이 사람을 사랑하는 데 어떤 조건이 필요하겠는가.

차가운 머리, 뜨거운 가슴을 갖고 살아가라. 접속으로 시작해서 접속으로 끝나는 시대다. 가끔은 컴퓨터와 휴대전화를 끄고, 사람 냄새 폴폴나는 가슴에 내 가슴을 따뜻하게 접속해 보라.

17

가장 유력한 미래 트렌드는 '인간' 이다

인간! 이 얼마나 고상한 말인가?
인간은 동정해야 할 대상이 아니라 존경해야 할 대상이다.
– 고리키

인터넷 뱅킹이 발달해서 은행을 직접 방문하는 일이 그다지 많지 않다. 어쩌다가 통장정리를 하러 가더라도, 입구에 있는 ATM에서 하는 것이 보통이다. 객장에 들어갈 일이 별로 없다. 집 앞에 있는 은행이 한 동안 공사를 하더니 새 단장을 했다고 한다. 공과금을 내러 객장에 들어섰다. 새 단장을 했다고 해서 좀 밝아지고 넓어진 맛을 기대했는데, 정반대였다. 객장은 반 토막이 나 있었고 창구는 3개로 줄었다. 직원 말에 따르면, 이 3개 창구도 법 때문에 어쩔 수 없이 두는 것이라고 했다. 나머지는 모두 VIP 룸 등으로 바뀌었다고 한다. 최근 대부분의 은행이 이와 같은 추세를 충실히 따르고 있다.

창구에서도 웬만한 일은 ATM 등의 자동화 기기나 인터넷 뱅킹으로 돌리는 디마케팅(덜 사게 하는 마케팅)을 실시 중이다. 그만큼 편해지고 현대화되었다는 증명이기도 하지만, 그만큼 사람들이 일터에서 사라지고 있다는 쓸쓸한 사실의 반증이기도 하다. 창구가 줄었다는 이야기는 창구에 앉아 있던 사람이 더 이상 필요 없어졌다는 의미다. 기계가 인간의 노동을 빠르게 대체하고 있다.

공장에서 기계가 사람을 대체했고, 사무기기가 사무직이라는 '직업'을 위협하고 있다. 빠른 프린터와 복사기를 합한 복합기 TV 광고를 보면, 빠른 사무기기 덕분에 일이 일찍 끝났다고 신나라, 좋아라 춤을 추는 장면이 나온다. 하지만 이렇게 발전된 사무기기는 결국 우리가 복사기 앞에서 보내는 시간이 아까워 이런 일을 하는 아르바이트 직원을 구하거나, 외부에 복사를 대행하는 일을 상당 부분 줄여줄 것이다. 1인당 생산성 또한 증가한다. 즉 그 신나라, 좋아라 춤추는 사람들 중 몇몇은 다른 일을 찾아야 할 것이다.

점점 기계가 우리의 일자리를 위협하고 있다. 이제 인간의 경쟁자는 더 이상 인간이 아닌 사회로 변모해 가고 있다. 지금 당장 내 분야에는 해당이 되지 않더라도, 이 같은 추세가 천천히 확산되고 있음에 주목하지 않을 수 없다. 따라서 사람뿐만 아니라 기술의 발전과도 경쟁을 해야 한다. 한 사람이 한 달 걸려 수행할 수 있는 일을 컴퓨터는 단 몇 분 만에 완벽하게 끝낸다. 따라서 기계는 피로를 모르는 완벽한 노동자로 각광받을 것이다. 그러므로 현재 직장인들은 기계가 할 수 없는 일에 승부를 걸어야 한다. 향후 10년 내에 가장 유력하게 떠오를 미래 트렌드는 바로 '인간'이다. 오직 인간의 감성과 창의성만이 할 수 있는 일에 도전해야 한다.

로봇공학 분야를 연구하기 위해 유학을 준비하던 나의 클라이언트는 자신의 학업계획서에서 이런 말을 적어넣었다.

"우리 시대는 상상도 못했던 것을 현실로 이루어놓는다. 모든 사람이 걸어다니면서 전화를 걸고, TV를 시청한다. 동물은 물론 인간까지 복제를 할 수 있다고 한다. 하지만 로봇만큼은 그렇지 않은 듯하다. 어린 시절 만화 속에 등장하는, 사람과 똑같이 움직이고 생각하는 로봇은 아직 세상에 태어나지 않았다. 그러므로 도전할 가치가 있다."

물론 이처럼 인간의 정서를 가진 로봇은 끊임없이 개발되고 있지만, 수많은 사람들의 관심과 노력에 비해 그 발전이 미미한 것 또한 사실이다. 즉 기계가 인간을 완전히 대체할 수 있는 시대는 아직 먼길이다. 하지만 새로운 미래는 오늘도 우리 곁으로 한 걸음 한 걸음 다가오고 있다.

어떤 일을 기계가 할 수 없을까? 사람의 감성이 들어가는 일은 기계가 하기 어렵다. 문학작품을 만들거나 사람들을 감동시키는 예술작품을 만들어내는 것은 기계 단독으로 할 수 없는 일이다. 간혹 사람 얼굴을 만든다거나 하는 기계가 나왔다. 그 정교함이라던가 내구성 면에서는 사람이 만든 조각상보다 월등하지만 예술적 가치는 거의 없다. 선진국일수록 인간의 감성으로 다른 사람들의 감성을 자극하는 예술품의 가치가 높은 것도 이같은 면을 단적으로 보여주는 하나의 증거다.

사람을 상대하는 일도 그렇다. 아무리 기계가 달콤한 목소리로 "어서오세요"라고 인사해도 그에 대꾸하거나, 그것을 의미 있게 듣는 사람은 없다. 예전과 달리 사람들은 매우 고립되어 살아가고 있다. 한 공간에 있어도 사람 얼굴보다 컴퓨터 모니터를 훨씬 더 오래 쳐다보며, 굳이 직접 만나기보다는 e메일, 전화 등으로 웬만한 일은 다 처리하곤 한다. 어떤 기업의 연구원은 마음만 먹으면 '하루 종일 한 마디도 안 하고 회사에서 지낼 수 있다'고 한다. 이웃이 사라진 주부들도 마찬가지다. 이와 같은 고독한 현대인들을 감동시키는 서비스도 사람만이 할 수 있다.

한편 대체가 가능하다면 모든 기계에게 사람이 자리를 내주어야 하는 건 아니다. 2054년을 무대로 삼았던 영화 〈마이너리티 리포트〉에는 보안 시스템을 통과해 건물 안으로 들어가기 위해서 다른 사람의 안구眼球를 꺼내어 각막 스캐너 앞에 들이대는 장면이 나온다. 당연히 문이 열린다. 순간 나는 재미있는 상상을 한다.

'만약 저기에 경비 아저씨가 있고, 톰 크루즈가 아저씨에게 남의 눈알을 들이민다면 어떻게 될까?'

엄청난 보안이 요구되는 곳이라면 눈썰미 좋은 보안 요원 몇몇이 이 같은 기계 시스템보다 나을 수도 있다.

아무리 기계가 사람을 대체하는 은행이라지만, 기계보다 뛰어난 사람들도 많다. 가끔 TV를 보면 기계보다 돈을 빨리 세는 은행원이 나온다. 그는 돈을 한번 집어만 봐도 정확하게 그게 얼마인지 안다. 위폐감별 분야에서 국내 최고 전문가인 외환은행의 서태석 부부장은 하루에 120만 달러의 화폐를 감별해 내고 있다. 100장에 25초, 즉 초당 4장 꼴로 달러의 진위를 가려내는 것. 그는 엄청난 개발비를 들인 어떤 위폐감별기보다 정확하고 빠르다.

기계가 도저히 벤치마킹할 수 없는 인간만의 능력이 중요한 경쟁력으로 떠오르고 있다. 따라서 직장인들의 자기계발도 자신만의 감성과 창의력 등을 극대화할 수 있는 차원에서 새롭게 모색되어야 할 것이다.

18

열심히 일한 당신, 선진국으로 떠나라

세계는 한 권의 책이며,
여행하는 사람들은 그 책의 한 페이지를 읽었을 뿐이다.
- 아우구스티누스

여행을 떠나는 발걸음에는 단지 '즐거움'만 달려 있
는 것이 아니다. 여행은 평소에 우리가 무심코 지나쳤던, 깊이
들여다보지 않아 미처 깨닫지 못했던 가르침들을 준다. 여정을
계획하고, 낯선 곳에 적응하고, 뜻하지 않은 돌발 상황을 해결
해야 하며, 문화적 차이를 인정할 줄 아는 능력을 키워준다. 그
뿐 아니라 새로운 곳에서 새로운 것들을 많이 보고 들으면서 배
울 수가 있다. 몇 년 전에 한 고급공무원이 가족과 함께 1년 간
세계여행을 다녀온 것이 한 동안 세간에 화제를 불러모은 적이

있었다. 모든 일상을 과감히 뒤로 하고 그렇게 훌쩍 떠난 이유는 무엇일까. 아마도 그들은 삶에 있어 결코 잊지 못할, 정말 소중한 경험을 간직하게 되었을 것이다. 하지만 이는 평범한 직장인들에게는 정녕 그림 같은 이야기가 아닐 수 없다. 따라서 짬을 내고 짬을 내어, 그리고 큰맘 먹고 일정 기간 여행을 결심했다면, 나는 선진국을 돌아볼 것을 강력 권유한다.

물론 동남아 국가들에 비해서 턱없이 비싼 여행경비가 부담스럽다. 하지만 휴양 차원의 관광에 그치는 동남아 여행보다는, 부족한 경비와 시간 때문에 좀 고생을 하더라도 선진국을 방문해 보는 것이 한결 뜻있는 일이 될 것이다. 가장 큰 수확은 세계를 향한 도전정신이 생겨난다는 것이다. 글로벌 트렌드를 직접 체험함으로써 자신의 미래를 향한 다양한 로드맵을 그려나갈 수 있는 자신감을 얻게 된다.

대학 시절, 배낭여행을 준비하고 있는 내게 해외여행 경험이 풍부한 친구가 해준 조언이 있다.

"스위스를 가보면, 왜 스위스가 전세계에서 가장 부자나라인지 분명하게 알 수 있어."

나는 스위스 국경을 넘으면서 그 친구의 말을 비로소 이해할 수 있었다. 모든 것이 다른 유럽 국가들보다 비쌌다. 당시 환율을 고려해도 물 한 병 사는 일조차 망설여졌고, 다른 나라에서는 호텔에서 묵었지만 그 곳에서는 8인 1실의 유스호스텔에 머물러야 했다. 하지만 사람들은 기꺼이 주머니를 연다.

대자연을 비롯해 나라 전체가 위대한 예술가가 빚어낸 걸작처럼 느껴졌다. 발길 닿는 모든 곳이 아름답고 조화로웠다. 널려 있는 얼음을 갖고 동굴을 만들어 환상적인 기분을 선사하고, 수많은 사람들의 희생과 자본을 바탕으로 산꼭대기까지 철로를 놓아 산악인이 아니더라도 귀가 먹먹할 정도로 높은 정상에 설 수 있게 배려했다. 스위스를 빠져나오면서 '언젠가 꼭 다시 오리라' 결심할 수밖에 없었다.

엄청난 관광수입을 올리는 것은 말할 필요도 없다. 문득 우리나라는 왜 이런 혜택이 없을까 한탄스러웠다. 하지만 단순히 아름다운 자연만이 그들의 외화벌이 수단이 아니다. 알프스보다 더 유명한 에베레스트를 갖고 있는 네팔이나 티벳은 왜 부자나라가 되지 못한 것일까?

큰 산이 품고 있는 맑은 물을 병에 담아 세계적인 상품으로 팔고 있는 프랑스는 제대로 된 봉이 김선달이다. 《직지심경》을 루브르 박물관에서 만날 수 있다. 그것을 보고 프랑스를 '도둑'

이라고 비난할 수도 있겠으나, 우리나라에는 이 같은 고문서를 복원할 수 있는 전문가가 단 한 명도 없다는 사실과 그들의 문화재 관리 및 복원 시스템, 그에 들어가는 예산을 알게 된다면 생각이 달라질 수 있을 것이다.

밉지만, 인정할 수밖에 없는 일본에서도 배울 것이 많다. 정말 얄미울 정도로 너무나도 친절하고, 타인을 배려하는 하나하나의 정성과 마음은 미워할 수 없다.

아이와 함께 일본 여행을 위해 일본 항공사 비행기를 탄 적이 있다. 이 때 아이를 데리고 있다는 이유만으로 우리에게 전담 스튜어디스가 붙어서 비행기에 오르는 순간에서 내리는 순간까지 밀착하여 모든 편의를 봐주었다. 마치 우리가 엄청나게 중요한 인물이라도 된 것 같은 느낌이었다. 일본에서는 은행에서도 아이와 함께 가면 가장 먼저 일을 볼 수 있다고 한다. 사회가 이와 같은 대접을 해주면, 정말 애 낳을 만하겠다는 생각이 절로 들었다.

모든 것이 너무나도 풍부한 미국에서는 엄청난 소비와 생산의 위력을 느낄 수가 있다. 전세계가 미국을 위한 공장 같다는 느낌이 들 정도로 세계 각지의 물건이 모여 있다. 이러니 미국이 세계적으로 커다란 영향력을 행사할 수밖에 없겠다는 생각이 들게 마련이다. 닭이 먼저인지, 달걀이 먼저인지 모르겠지만, 어쨌든 어떻게 이 나라가 세계 최고가 되었을까 계속 궁금해 캐보고 싶지 않을 수 없다. 미국 사람들 하나하나를 유심히 바라보게 한다.

실패한 사람보다는 성공한 인물을 자꾸 접해야 나 자신도 발전하는 법이다. 선진국을 여행하면서 업무와 관련된 선진 아이디어를 얻을 수도 있다. 그리고 정말 우리도 한번 잘 살아서, 이와 같은 혜택들을 누리고 싶다는 마음도 감출 길 없다. 그리고 그들보다 못할 것 없다는 생각에, 몽글몽글 애국심도 피어오른다.

직장생활에 새로운 활력을 불어넣을 수 있는 휴가. 글로벌 기업, 글로벌 문화를 만들어나가기 위해서는 진정 나 자신부터 글로벌 직장인이 되어야 할 것이다.

19

핵심인력은 핵심에만 있는 것이 아니다

오늘 할 수 있는 일에 전력을 다하라.
그러면 내일은 한 걸음 더 진보한다.
- 뉴턴

최근 '핵심인력' 이라는 단어가 세간의 화두로 떠오르면서 '내가 핵심인가, 아닌가?' 를 두고 고민하는 직장인들이 많아졌다. 나 또한 그와 같은 고민에서 예외일 수 없다.

전자회사의 경영지원 인력이 핵심인가에 대한 대답은 명백하지 않다. 전자회사의 핵심은 전자개발 인력일 것이다. 건설회사의 핵심은 물론 건축기사일 것이다. 하지만 그들만이 핵심인력인 것은 분명 아니다.

건축공학을 전공한 조 모씨는 취업과 관련해 참으로 험난한 길을 걸어왔다. 한때 가장 인기 있는 전공이었지만, IMF 외환위기를 전후해 경기가 바닥을 치고 건설산업이 뿌리째 흔들리자, 그의 경력에는 먹구름만이 드리워졌다. 해외근무를 꿈꿨던 그는 영어실력도 착실하게 다졌다. 하지만 결국 그는 어느 건설회사에도 취직을 하지 못했고, 우여곡절 끝에 대기업 공채에 합격하여 그는 일반 제조업 회사에 사무직으로 입사하기에 이르렀다.

하지만 전공이 전공인지라 그는 본사 경영지원 중에서도 공장과 건물 등을 관리하는 부서에 배치를 받았다. 해외영업부 배치를 희망했지만, 회사는 허락하지 않았다. 그는 번번이 자신의 꿈을 접을 수밖에 없었다. 하지만 그는 늘 기회를 기다리며 준비를 게을리하지 않았다. 외국어 공부를 비롯해 자신의 꿈을 향한 자기계발에 성실하게 노력했다. 그러던 중 뜻하지 않은 곳에서 마침내 기회가 찾아왔다.

내수시장에 주력하던 회사가 비로소 해외 진출을 본격화하기 시작한 것이다. 그러면서 회사는 세계 각지에 공격적으로 공장과 지사를 설립하기에 이르렀다.

해외업무와는 전혀 거리가 먼 부서가 하루아침에 해외진출의 전진기지로 탈바꿈했다. 해마다 몇몇 직원을 건축현장 관리감독을 위해 파견했는데, 이 때 조씨의 건축공학 전공과 영어실력이 빛을 발하기 시작했다.

그는 더 이상 건설회사에 들어가지 못한 것을 아쉬워하지 않는다. 건축공학을 전공했으면 건설회사에서 일해야 핵심이 될 수 있고, 다른 회사에 있으면 그저 지원사격만 하는 변두리라는 생각 때문에 남모르게 고민해 왔지만, 현재 그가 하는 일에서 자신이 다른 사람보다 훨씬 경쟁력이 있음을 깨달았다. 건설회사에서 그는 그와 비슷한 수준의 수많은 인력 중 하나일 뿐이다. 따라서 거기서 살아남는 것 또한 결코 쉬운 일이 아니다. 자신의 회사에서 자신이 하는 일이 없어서는 안 되는 일이며, 그 일을 할 수 있는 인력이 몇 명 없다는 사실을 깨달은 조씨, 그는 분명 경쟁이라는 리스크가 거의 없는 곳에서 '블루오션'을 창출한 핵심인력이다.

우리나라의 경우 기술 중심의 회사들이 시장 전반에 걸쳐 강력한 영향력을 행사한다. 이들 회사에서는 대체로 기술을 개발·유지하는 사람들이 그 중심에 있게 마련이다. 따라서 수많은 엔지니어를 채용하고, 엄청난 인건비를 지출한다. 하지만 그들은 말한다. 비록 자신들이 회사의 핵심에 있지만, 그 곳에서 뛰어난 실력을 보여주지 못하면 살아남을 길이 없다고…. 회사에서 중심부에 있다는 것일 뿐, 그들이 진정 핵심인가에 대한 물음에는 자조 섞인 대답이 돌아온다.

회사가 성장하는 데에는 기술개발자만이 요구되는 것이 아니다. 돈을 관리하는 사람, 사람을 관리하는 사람, 정책과 언론을 관리하는 사람, 건물을 관리하는 사람들의 비중 있는 역할이 필요하다. 이들의 중요성은 회사의 핵심에서 일하는 사람보다 결코 뒤지지 않는다.

일을 선택할 때 중요한 것은 그 일이 얼마나 멋있는 일인가가 아니라, 내가 그 일에서 얼마나 경쟁력이 있느냐. 핵심은 어디에서나 찾을 수 있다. 자신이 하는 일이 핵심이 아닌 것이 아니라, 자신이 그것을 핵심으로 못 만들고 있는 것이 아닐까.

서울 시내 한 음식점이 매우 유명해진 비결은 고기맛도 아니요, 특별한 경영방식 때문도 아니라고 한다. 그 집에서 신발을 정리하는 아저씨 때문이라고 하니 놀랍지 않을 수 없다. 수십, 수백 명 고객들의 신발을 일일이 모두 기억하고, 고객들이 화장실에 갈 때는 슬리퍼를, 식사를 마쳤을 때는 구두를 내놓는 것이 하도 신기하여 사람들이 찾기 시작했다는 것이다. 물론 고기 맛도 인정받아 전국에 체인점을 확장할 정도로 명성을 쌓았다. 그 음식점에서는, 누가 뭐라 해도 신발 정리하는 아저씨가 핵심 인력이다.

미드필더가 잘 해야 조직이 성공한다

국내 굴지의 전자회사에서 미주영업을 담당하는 이광진(가명, 36세) 과장은 타이틀도 예사롭지 않지만, 엔지니어에서 해외영업으로의 직무전환을 이루어낸 이상적인 커리어를 소유한 9년차 직장인이다. 이제는 더 큰 꿈을 향해 달려가는 그에게 성공적인 커리어 관리비결을 들어본다.

1. 회사는 왜 다니는가?

사실 큰 돈을 벌겠다는 욕심은 버렸다. 물론 많은 연봉을 받는다. 하지만 사업하는 사람들처럼 집안을 일으켜 세울 만큼 큰 돈을 버는 건 아니지 않는가? 나는 '자아실현'을 위해서 다닌다. 일을 통해서 만족감과 성공을 얻고 싶고, 회사를 오래 다니고 싶다.

2. 직장생활 9년을 하고도 오래 회사를 다니고 싶다고 하는데, 직장생활에 위기나 어려움은 없었는가?

위기라고 부를 만한 일은 없는 것 같고, 가족의 일원으로서 어려운 점이 가장 힘든 점이랄 수 있다. 본가와 처가를 통틀어 나와 같은 엔지니어가 한 명도 없다. 따라서 주말도, 명절도 없는 나를 이해하지 못하는 경우가 많았다. 좋은 직장 다닌다고 하는데, 밤새워서 일하고, 주말에도, 명절에도 회사를 나가는 것을 보고 한 마디씩 하시곤 했다. 하지만 그런 말보다는 가족 행사가 모두 내 스케줄에 의해서 좌우되는 것이 가장 미안했다. 아무리 부모님 생신이라도, 가족모임 날짜는 내 회사 스케줄에 의해 결정되었다.

3. 가장 기억나는 성취 스토리를 들려달라.

영업으로 옮긴 지 오래되지 않아, 여기서는 아직 내세울 만한 것은 없다. 제조공정을 담당하는 엔지니어로서 공정을 처음부터 마무리까지 책임지고, 그 과정에 관해 논문을 쓰고, 그것을 해외학회에 낸 것에서 많은 의미를 찾았다. 엔지니어가 아닌 사람들에게 공감을 얻어낼 만한 성취 스토리는 없는 것 같다.

4. 직장인 10년차를 어떻게 정의하겠는가?

조직의 허리계층이다. 위에서 내리눌러도 그것을 아랫사람들에게 돌리지 않고, 아래에서 치고 올라와도 윗선으로 넘어가지 않게 버퍼링buffering을 하는 완충대다. 축구로 말하면 미드필더인데, 현대 축구에서는 점점 이 미드필더의 역할이 중요해지지 않는가? 미드필더가 잘 해야 조직이 성공한다.

5. 엔지니어로서도 성공했고, 직무전환까지 이루어냈다. 성공비결이 있는가?

아직 성공했다고 생각하는 것은 없다. 그래도 내 커리어에 대해서 이야기하지 않을 수 없다. 사실 대부분의 엔지니어들이 이런 직무전환을 염두에 두는 것은 아니다. 하지만 매형이 실제로 주재원을 다녀오는 등 조직에서 아주 성공적으로 커리어 관리를 하는 것을 지켜보았다. 이는 매우 자극이 되었다. 나 역시 회사에서 경쟁력을 가질 수 있는 커리어 패스를 잡고 그를 추진하고 있다. 하지만 작년 한 해, 나 혼자서 해보려고 하다가 잘 안 되어 낭패를 본 적도 있었다. 누군가의 도움이 필요한 시점에는 도움을 받는 것이 중요하다. 그리고 사내교육도 참 잘 되어 있어 덕을 봤다.

6. 직장생활의 목표에 대해 이야기해 달라.

우선은 신규매출을 올리는 것이다. 영업직이니 당연하다. 그 후는 많은 직장인들의 꿈인 주재원을 가는 것이다. 이는 '선발'이 아니라 '발탁'이라고 불릴 만큼 어려운 일이지만, 나의 커리어와 가족을 위해서 꼭 이루고 싶다. 그 후에는 임원을 하는 것이 목표다.

7. 요즘 대학생, 젊은이들에게 해외영업, 그것도 미주영업은 가장 인기 있는 직종이다. 그들에게 조언을 해달라.

내가 하는 기술영업은 엔지니어 백그라운드가 절대적으로 필요하다. 많은 공대 출신들이 엔지니어 한 길만 생각하는데, 마케팅이나 영업에 관심이 있다면 시도해 볼 만하다. 예전과는 달리 회사에서도 나 같은 직무전환자뿐 아니라 대졸 신입도 해외 마케팅·영업에 배치하고 있다. 외국어, 특히 영어 외의 다른 외국어를 구사할 줄 안다면 매우 유리하다. 연구·개발직에 종사를 하고 있더라도 마찬가지다. 사내공모 등의 방법을 통해서, 그리고 체계적인 지식 습득을 통해서 직무전환을 이룰 수 있으니 용기를 갖고 도전해 보라.

20

웬만해서는 나를 막을 수 없을 만큼 강해져라

진정으로 강한 사람은 치열하면서도 온화해야 한다.
또한 이상주의자이면서 현실주의자여야 한다.
- 마틴 루터 킹

한 회사에서 강의 요청이 들어와 방문했을 때의 일이다. 강의 시작 전에 교육담당자와 이런저런 대화를 나누었다.

"목소리가 참 좋으신데, 직접 강의는 안 하시나요?"

"예전에는 직접 강의도 많이 했었는데, 지금은 하지 않고 있습니다."

사실 교육담당자의 경쟁력은 강의를 할 수 있느냐, 없느냐에 따라 결정되곤 한다. 단순히 프로그램 코디네이터가 될 것인가, 아니면 사내 교수가 될 것인가? 스스로 프로그램을 만들고, 몇

가지의 주제를 정해 강의할 수 있으면, 자신의 입지는 더욱 굳어질 뿐만 아니라 퇴사 후에도 그 역량에 바탕해 지속적으로 일을 할 수 있다. 따라서 못 해서가 아니라, 할 수 있는데도 안 하는 이유가 더욱 궁금해졌다. 하지만 그의 대답은 매우 짧았다.

"평가를 받아들이기가 힘들더군요."

다른 사람 앞에 선다는 것은 끊임없이 평가된다는 뜻이기도 하다. 특히 좋지 않은 평가를 받는다면, 이는 정녕 견디기 어려운 일일 것이다.

교육과 컨설팅이 주요 업무인 나 또한 수시로 '평가'를 받았다. 교육과정이나 강의에 대한 전면적인 평가, 컨설팅 후에는 내 컨설팅의 질과 노력에 대한 평가가 잇따랐다. 인터넷에 칼럼을 올리면 바로바로 누리꾼들의 댓글이 올라온다. 인사고과나 연봉협상보다 더 힘든 것이 바로 이 같은 평가를 받아들이는 것이다. 인사고과나 연봉협상은 쌍방 커뮤니케이션이지만, 평가는 일방적이며 다수에 노출된 적나라한 결과이기 때문이다.

나 자신 또한 평가를 받아들이는 일이 가장 힘겹다. 최선을 다해 내가 가장 잘 할 수 있는 것을 골라서 최고의 기량을 냈다고 하더라도, 평가에서 완벽한 피드백을 받기가 어렵다. 이처럼 평가에 일희일비하는 내게 친분 있는 선배가 조언을 해주었다.

"무슨 일을 하든 간에, 어디에든 꼭 딴지거는 사람들은 있게 마련이지. 모든 사람을 만족시킬 수는 없어."

그 후 나는 다수를 만족시키려고 노력해야지, 전체를 만족시키고자 욕심을 내지 말아야겠다는 다짐을 할 수 있었다.

회사에서 어떤 프로젝트를 진행할 때 100% 지지를 이끌어내기란 불가능하다. 밤을 새워 머리를 쥐어짜낸 아이디어를 제출했을 때 시큰둥한 반응을 보이면 아득해진다.

"어… 그거 전에 해봤는데, 효과가 별로 없었지."

"기껏 생각해 낸 게 그거니?"

야속하다는 생각에 앞서 '내가 과연 성공할 수 있을까?' 하는 강한 회의감에 사로잡히게 마련이다.

'그래…. 튀지 말자. 시키는 일이나 잘 해야지. 어차피 직장생활이라는 게 아무리 노력해도 본전 하면 잘 하는 거 아닌가….'

사실 그렇다. 새로운 것을 시도하지 않는다면, 아이디어를 내지 않는다면 비웃음이나 욕 먹을 일도 자연스럽게 줄어든다. 하지만 시키는 일만 고분고분 열심히 하면, 직장인으로서의 자신의 정체성은 점점 사라진다. 이는 이 시대를 살아가는 직장인들이 모두 고개를 끄덕이는 진리다. 따라서 실망과 좌절이 찾아오더라도 나의 목소리를 내고, 나의 영역을 적극적으로 만들어가는 것! 즉 '공격이 최선의 수비'라는 자세를 갖고 될 때까지 도전하는 열정에 찬 길을 걸어야 한다.

평가를 견디기가 어려워 강의를 그만두어서야 되겠는가. 그럴수록 이를 악물고, 마음을 강하게 먹고, 자신이 잘 할 수 있는 것을 포기하지 않고 끊임없이 부딪혀봄으로써 더 좋은 강사가 되도록 노력해야 하지 않겠는가.

좌절보다 무서운 것이 포기다. 즉 실패 때문에 성공하지 못하는 것이 아니라, 포기하기 때문에 못하는 것이다. 내가 성공을 하겠다는 데, 그 누가 이를 막을 수 있겠는가! 성공한 직장인들은 반드시 실패의 경험을 갖고 있다.

미국에서 가장 존경받는 대통령인 링컨 또한 젊은 시절, 잡화점 사업을 두 차례나 말아먹었다. 주지사 선거에서도 거푸 낙선의 고배를 마셨던 그가 어떻게 존경받는 지도자로 발돋움할 수 있었을까. 그가 대통령 선거에 나섰을 때 유권자들은 그의 실패 경험들을 속속들이 알고 있었고, 경쟁자들은 이를 빌미로 흠집을 내려 안간힘을 썼다. 하지만 링컨은 자신의 실패 경험을 솔직하게 인정하고 이를 성장의 동력으로 삼았다.

❝ 좌절보다 더 무서운 것이 포기다.
지금의 시련은 나를 단련시키는 하나의 과정임을 명심하자. ❞

힘들고 포기하고 싶을 때는 '그 무엇도 나의 성공을 막을 수 없다', '웬만해서는 나를 막을 수 없다'고 외쳐보자. 이미 나는 그만큼 강하고 멋진 사람이 된 것이다. 내가 원하는 바를 끝까지 추진해 나갈 수 있는 힘은 결코 외부에서 주어지는 것이 아니다. 스스로 만들어나가야 한다.

어린 시절, 모든 것을 다 가진 듯해 부러웠던 친구들이 성장한 이후 오히려 초라해진 것을 종종 발견하곤 한다. 지금의 시련은 나를 단련시키는 하나의 과정이다. 그 시련들을 하나씩 극복해 갈 때, 나는 더욱 강해진다는 사실을 잊지 말아야겠다.

책장을 잠시 덮고 단호하게, 당당하게 외쳐보자.

'그 어떤 상황도, 그 누구도 나의 성공을 막을 수 없다!'

어느 날, 정말로 웬만해서는 막을 수 없을 만큼 강해진 나를 맞이할 수 있을 것이다.

21

부러움과 질투의 시선 대신
도전과 의지의 시선을 가져라

아무것도 손 쓸 방법이 없을 때 꼭 한 가지 방법이 있다.
그것은 용기를 갖는 것이다.
– 유태 격언

 글을 쓰거나 강의를 할 때 나는 연예인이나 스포츠
맨들에 관한 사례를 즐겨 인용한다. 무엇보다 내가 잘 아는 소
재라서 설명하기에 부담이 없다. 그만큼 듣는 사람들도 이해가
빠르다. 사실 빌 게이츠, 이건희, 정주영 정도의 인물이 아니면
아무리 큰 회사의 CEO라 할지라도 대중에게는 그 이름이 다소
낯설게 마련이다. 따라서 세간의 사랑을 받는 연예인이나 스포
츠맨의 사례가 듣는 사람에게 더욱 친근하게 다가선다.

하지만 이보다 더 중요한 이유가 있다면 연예인이나 스포츠

맨만큼 자본주의적 시장논리를 통해 그 가치가 정확하게 매겨지는 경우가 드물기 때문이다. 그것이 실력이 되었건, 기획이나 마케팅의 힘이 되었건, 그들의 몸값은 시장논리에 매우 민감하게 평가된다. 아무리 뒤에서 수군거려도 그들은 자본주의 사회에서 이미 성공을 건져올려 많은 돈을 벌고 있는 사람들이다.

우리나라에서 가장 몸값이 높은 야구선수 박찬호도, 월드컵과 함께 몸값이 수십 배 뛰어오른 김남일도, 걸어 다니는 중소기업이라 불리는 가수 보아도 자본주의의 메커니즘을 정확하게 이해하고 이를 통해 자신의 가치를 인정받은 손색없는 사례다. 이 같은 성공신화는 굳이 찾아다니지 않아도 날마다 인터넷 포털 뉴스를 통해 접할 수 있다.

물론 누가 광고 모델로 얼마를 벌었는지, 나와는 전혀 상관없는 천박한 가십거리라고 생각한다면 어쩔 수 없다. 하지만 프로는 프로를 알아본다. 성형수술 전후를 비교해 얼굴이 얼마나 달라졌나를 비교하는 두 장의 사진을 두고 나타내는 반응조차도 사뭇 다르다.

삼성전자의 교육담당자로서 입사한 직후였다. 내가 입사하기 바로 전에 진행된 흥미로운 프로그램이 하나 있었다. 임원급을 대상으로 문화·예술계의 톱 리더들을 초빙해 강의를 듣는 프로그램이었다. 당시 그 행사에 참여했던 연예인들과 직원들이 함께 찍은 사진을 보며 아쉬운 마음이 들었다.

'아깝다! 조금만 일찍 입사했더라면, 나도 연예인이랑 사진 찍을 수 있었는데….'

얼마 후 그 프로그램에 참가했던 한 임원과 대화를 나눌 기회가 생겼고, 그는 한 연예인에 대해 이렇게 얘기했다.

"그녀는 이미 최고의 인기를 누리는 배우였고, 모두가 인정하는 아름다운 외모를 갖고 있었잖아. 그런데 그녀가 '최고가 되고 싶어서 과감하게 턱선을 깎아냈어요'라고 말하는 거야. 순간 가슴이 뭉클해지는 감동이 몰려오더라고. '나보다 어리고, 나보다 못 배운 그녀도 이미 정상에서 높은 곳을 향해 몸을 아끼지 않는데, 나는 정녕 최고가 되기 위해 무엇을 했던가' 하며 생각을 하게 만들더군."

직장에서 인정받는 그가 임원직에 오르기까지는 결코 순탄한 과정만을 밟지는 않았을 것이다. 다른 사람들은 그저 가벼운 가십, 흥밋거리로밖에 여기지 않았을 여배우의 성형수술 이야기를 통해 자신을 반성하고 돌아보는 자세를 보여준 그에게 존경심까지 일었다.

솔직히 나도 충격을 받았다. 그리고 가만히 생각해 보았다. 단순히 콤플렉스를 극복하기 위해서가 아니라 자신의 꿈을 이루기 위해서, 그것도 이미 충분히 누리고 있는 위치에서 진정한 톱이 되기 위해 수술대에 오른다는 결심이 어디 쉬운 일이겠는가. 하지만 성형수술을 한 연예인의 사례에서 도전과 용기를 배운다는 것은 더욱 어려운 일이다.

성공한 연예인과 스포츠맨에게서는 배울 점이 매우 많다. 종종 가벼워 보이고, 아무것도 없는 듯 보이는 사람들이 있다면, 어떻게 그들이 그와 같은 부와 명성을 쌓을 수 있었는지 분석하고 취할 것은 적극적으로 취해야 한다. 하지만 잊지 말아야 한다. 취해야 할 것은 그녀가 턱을 깎은 사실이 아니라 턱을 깎을 결심을 하게 한, 최고가 되겠다는 의지와 도전과 용기다.

결과를 얻으려면 시작이 있어야 한다. 시작을 하려면 동기가 있어야 한다. 질투와 부러움의 시선 대신 도전과 의지의 시선을 가져보자. 성공으로 가는 길이 열리기 시작할 것이다.

22

내 삶의 '귀인'을 만들어라

혼자 힘으로 백만장자가 된 사람은 없다.
주위의 재원, 인맥을 끌어들이지 않으면 안 되는 것이다.
- 스티븐 스콧

하는 일이 교육과 컨설팅이라 훌륭한 분들을 강의에
초빙하는 일이 매우 잦은 편이다. 퇴직자들을 대상으로 한 특강
에서 《귀인》의 저자인 윤은기 소장을 모신 적이 있었다. 강의 중
에 그는 유난히 사람들과의 관계를 강조했다. 아무리 성공을 일
구고 돈을 많이 벌어도 주변에 사람이 없으면 골프도 못 치러
간다고 한다. 돈을 대줘가면서 나가는 것도 한두 번인 것이다.
마케팅의 대가인 어느 교수님도 '우수고객은 어떻게 다가올지
모른다' 면서 고객 한 사람 한 사람에게 최선을 다할 것을 강조

하신 적 있다.

사람들과의 관계는 우리 인생 어느 모로 보나 그 무엇보다 중요성이 결코 떨어지지 않는다.

최고의 성적으로 입사를 하고, 수습 또한 1등으로 마친 홍길동씨는 회사 동료들과 좋은 관계를 유지하고 있다. 하지만 유독 한 사람, 부장과는 사사건건 마찰을 빚으며 사이가 매우 껄끄럽다. 그리고 그 관계는 점점 더 악화되어 그는 그를 인정해 주는 회사와 동기, 그리고 그를 열심히 끌어주던 선배들을 뒤로 한 채 결국은 회사를 그만둘 수밖에 없었다.

새로운 회사에 자리를 잡았고, 직장생활은 매우 만족스러웠다. 특히 사람들과의 관계가 거의 완벽에 가깝다 보니 회사의 불안한 재정에도 눈을 질끈 감을 수 있었다. 하지만 회사가 부도가 날지 모른다는 소문이 세간에 돌기 시작하자, 홍길동씨보다 먼저 행동한 사람들은 그의 예전 직장 선배들이었다. 그들은 악명 높았던 부장이 다른 부서로 발령이 났다고 하면서 그에게 재입사를 권했고, 마침내 그는 예전 회사에 복귀할 수 있었다. 사람 때문에 발생한 문제가 사람 때문에 해결된 셈이다.

자신의 윗사람뿐 아니라 아랫사람도 나에게 언제 '귀인'이 되어 나타날지 모른다. 실제로 최고경영자 자리에서 은퇴한 어느 클라이언트도 자신이 재취업하는 데는 친분이 있던 많은 거래처 대표들이 도움을 줄 거라고 생각했다. 그런데 뜻밖에도 다른 회사로 옮겨간 예전 부하직원들이 오히려 적극 나서 그의 영입을 추진했고, 다른 곳에서도 추천이 들어와 감격하지 않을 수 없었다고 한다.

나에게도 언제나 나를 믿어주며 조언을 아끼지 않는 귀인들이 있다. 대학 시절, 우연히 참석한 세미나에서 인연을 맺은 교수님은 유학을 마치고 돌아온 나를 여러 회사에 추천해 주셔서 사회생활의 시작을 남다르게 만들어주셨다. 또한 그냥 학창시절 친하게 지내던 후배가 회사에 들어가더니, 나를 강사로 부르곤 한다. 유학 갈 때 기꺼이 추천서를 써주신 교수님께서는 여성부에서 후원하는 여대생커리어개발센터 행사에 참여할 수 있도록 배려해 주셨다. 이는 현재 여러 대학에 취업 및 커리어 부문 전문강사로 활동할 수 있는 계기가 되었다.

귀인은 사실 우리 주변의 수많은 사람들 속에 숨어 있다. 따라서 사람관리, 인맥관리를 자연스럽게 하다 보면 '귀인'을 만날 기회가 찾아온다. 하지만 많은 사람들이 인맥을 부정의 꼬리처럼 생각한다. 인맥관리에 적극적인 사람들을 '아부쟁이'나 '기회주의자'로 취급하기 일쑤다. 하지만 그러면 어떤가. 고마운 사람에게 고맙다고 하지 않고, 어려울 때 적극적으로 도움을 청하지 않고, 귀찮아서 아는 사람들에게 연락하지 않고, 인연을 소중하게 여기지 않는 것 또한 잘 하는 짓은 아니다.

선후배나 인생의 따뜻한 가르침을 주신 은사 한 분 없는 사람은 없을 것이다. 하지만 그들이 모두에게 '귀인'이 되는 것은 아니다. 의도했건, 의도를 하지 않았건 내 주변에 있는 사람들을 진심으로 대하다 보면 그들이 나의 귀인이 되는 것이다. 오히려 내가 '귀인이다' 하며 다가오는 사람들은 의심해 보는 편이 좋다.

귀인. 말 그대로 귀한 사람이다. 즉 내가 귀하게 여기지 않으면, 세상 그 어떤 사람도 내게 귀인이 되어줄 수 없다. 바쁘더라도 내게 소중한 사람들은 정성스럽게 챙길 줄 알면서 나이를 먹어가야겠다.

23

나의 날갯짓 하나가 세상을 바꾼다

진정 당신의 삶을 바꾸고 싶거든, 당신을 에워싼 것부터 바꿔라.
- 앤드류 매튜스

버터플라이 이펙트 butterfly effect, 이는 '초기 조건에의 민감한 의존성'을 설명한 유명한 과학이론이다. 중국 베이징에 있는 나비의 날갯짓이 미국 뉴욕에 태풍을 일으킬 수 있다고 하여 이름 붙여진 이 이론은, 작은 변화가 결과적으로는 엄청난 변화를 불러올 수 있다는 의미로서 경영과 경제, 정치 분야에서도 폭넓게 거론되고 있다.

최근 연예계에 가장 큰 충격을 던져주었던 '연예계 x-파일 사건' 또한 한 리서치 회사 직원이 친한 친구에게 재미 삼아 보여주려 했던 사소한 판단착오의 결과다. 그 파장에 대해서 우리는 이미 잘 알고 있다. 연예인 개개인에게 돌이킬 수 없는 악영향을 끼친 것은 물론 수백억의 소송이 제기되고, 국내 최고의 광고기획사가 일간지에 대대적인 사과문을 실어야 했다. 국내 언론에서는 관심조차 끌지 못했던 한국은행 총재의 국내 외환보유고에 관한 언급이 미국 월 스트리트를 뒤흔들었던 사건도 이를 설명해 준다. 세계화와 미디어, 인터넷의 발달은 이 '버터플라이 이펙트'를 더욱 증폭시키고 있다.

사실 누구나 전혀 생각지도 못했던 작은 행동이나 선택이 엄청난 파장효과를 불러오는 경험을 한두 번쯤은 했을 것이다. 작은 말 한 마디나 행동의 효과를 톡톡히 본 경우도 있을 것이다. 긍정적인 것도, 부정적인 것만큼 큰 파장을 초래한다.

일본 최고의 백화점 타케시마야의 포도 이야기는 너무나도 유명하다. 1989년 5월, 혈액암과 투병 중인 딸이 철 이른 포도를 먹고 싶다고 하여, 단돈 2,000엔을 들고 도쿄 거리를 헤매던 어머니가 포도를 발견한 곳은 일본 최고급 백화점이었다. 하지만 오동나무 상자에 포장된 포도에는 수만 엔의 가격표가 붙어 있었다. 이에 어머니는 여직원에게 포도를 몇 알만 팔 수 없겠

❝ 나의 날갯짓 하나가 일과 삶과

세상을 바꾼다.**❞**

냐고 물었고, 그녀는 회사의 규칙을 어긴 채 포도상자에서 포도 송이 몇 개를 들어내 포장을 해서 어머니에게 주었다.

이는 곧 투병 중인 딸의 담당의사를 통해 세상에 알려졌다. 많은 사람들이 이 소식에 감동했고, 타케시마야 백화점은 매출이 껑충 뛰었다. 그리고 이 사례는 마케팅 교과서의 한 면을 장식하기도 했다.

그 여직원이 이처럼 대단한 효과를 노리고 포도를 주지는 않았을 것이다. 하지만 이 작은 감동이 전세계를 감동시키고, 경영진이 수백억의 돈을 들여서도 만들어낼 수 없었던 결과를 가져왔다. 정말 아름다운 날갯짓이 만든 아름다운 태풍이 아닐 수 없다.

레이건 전 미국 대통령은 그의 두 번째 아내인 낸시 여사에게 하루도 빠짐없이 애정에 충만한 편지를 썼다고 한다. 이는 미국인들에게 커다란 감동을 주었는데, 첫 번째 아내와 살 때 그는 무명배우였지만, 아내를 감동시키는 멋진 남자가 되면서 마침내 대통령직에까지 올랐던 것이다.

최근 우리나라에서도 노숙자에게 따뜻한 빵 한 조각을 나누어준 한 젊은 여성의 사진이 인터넷상으로 소개되어 수많은 사람들에게 감동을 준 적이 있다.

아무리 작은 감동이라도, 그것은 결코 인위적으로 만들어질 수 없다. 감동에는 반드시 '진심'이 따른다. 나 자신이 진심으로 감동하지 않는데, 어떻게 고객감동을 실현할 수 있겠는가. 디지털 시대가 점점 발전할수록, 감동 마케팅 또한 점점 확대될 수밖에 없을 것이다.

한 집안에서 정승을 배출하려면, 삼대가 선행을 쌓아야 한다는 옛말이 있다. 이처럼 어떤 좋은 결과를 위해서는, 작고 작은 선업과 감동이 시내를 이루고, 강을 만들어, 바다로 나아가야 하는 것이다. 지금 당장의 결과에 급급하기보다는 늘 다가올 미래를 준비해야 하는 이유가 바로 여기에 있다.

직장생활을 하다 보면 가슴보다는 머리가, 진심보다는 가식이 당장의 결과를 만들어내고 눈에 보이는 성과를 이루어낸다는 사실을 부인하기가 어렵다. 하지만 성공 직장인들은 장기적인 안목을 위해 눈앞의 이익을 과감하게 포기할 줄 안다.

가장 높이 나는 갈매기가 가장 멀리 볼 수 있다. 가장 높이 날기 위해서는 아주 작고 사소한 감동과 준비들이 끊임없이 쌓이고 쌓여야 가능하다. 직장생활 10년차라면 변화보다는 안정을, 새로운 것보다는 익숙한 것들을 선택할 위험이 매우 크다. 따라서 조금씩 조금씩 자신의 체질과 습관을 개선해 나가는 노력이 필요하다. 눈에 보이지 않는다고 해서 눈에 보이는 것보다 소홀히 하고 흘러가는 대로 내버려둔다면, 직장생활에서 성공이란 없다.

나의 날갯짓 하나가 세상을 바꾼다.

24

투명해지고, 또 투명해져라

작은 구멍이 거대한 배를 침몰시킨다.
– 벤저민 프랭클린

나는 직장생활의 경험을 바탕으로 아주 작은 회사를 운영하고 있다. 이런저런 직원들을 관리하면서 내가 직장인일 때와는 또 다른 면들을 볼 수 있었다.

오늘은 좋은 날이니 점심을 사겠다고 하자 한 직원이 대뜸 회사 근처 고급 일식집 문을 들어선다. 물론 된장찌개를 먹으려고 했던 건 아니지만, 다소 당황하지 않을 수 없었다. 그러면서 그는 점심 때는 회정식이 저녁 때보다 저렴하다면서, 회정식을 주문했다. 약간 떨떠름했지만 그 때 '난 회덮밥!' 하고 외치고 싶지는 않았다.

다른 한 직원이 한 달 간 불평 없이 철야근무를 해가며 일에 매달려 준 것이 고마워 회식을 하자고 했다. 무엇을 먹고 싶냐고 했더니, 나보고 정하란다. 사실 뭘 먹자고 해도 다 사줄 요량이었고, 내심 랍스터까지도 염두에 두고 있었다. 하지만 계속 머뭇거리기에 호텔 뷔페가 어떻겠냐고 권유했다. 그러자 그녀는 그냥 패밀리 레스토랑에 가자고 했고, 레스토랑에 가서도 그다지 비싸지 않은 메뉴를 주문했다.

쓰레기통을 뒤지는 직원도 있다. 다른 사람이 버린 종이를 이면지 함으로 옮겨놓거나, 다른 사람이 버린 볼펜을 종이에 열심히 그어보면서 아직 쓸 만한 것은 다시 필기구함에 넣어놓는다. 이 같은 직원을 흐뭇한 모습으로 바라보지 않을 경영자는 없다. 회사에 진정 애정을 가진 직원이라면 아무리 작은 비품도 함부로 다루지 않으며, 회삿돈이라고 해서 펑펑 쓰지 않는다.

회사가 좋은 성과를 거두고, 목표를 달성하는 시기에는 이와 같은 것들이 눈에 잘 보이지 않는다. 대체로 경영자는 일을 잘하는 직원의 비용 처리에 대해서는 관대한 편이다. 거래처나 관계자를 만나서 식사를 한 비용도 웬만하면 모두 보전해 주고 필요한 물품도 아낌없이 지원한다. 문제는 언제나 안 좋은 시기에 찾아온다. 회사의 재정상태가 부실해지거나 대규모 구조조정을 해야 할 상황에 이르게 되면, 조직 전체에 걸쳐 정치적 역학관계가 강력한 조정자의 역할로 떠오른다. 즉 일을 잘 하는지의 여부가 조정의 기준이 되기보다는 그 사람의 윤리의식이 깨끗한지, 어떤 비리는 없는지의 평가가 생존을 결정하는 중요한 잣대로 작용한다.

따라서 직장생활에서는 자신의 성과를 높이는 일도 중요하지만, 무엇보다 자신이 투명한 회사생활을 하고 있는지를 돌아보는 일이 중요하다. 이는 나의 경력관리 면에서도 매우 중요하다. 이른바 '블랙리스트'에 오르면, 해당 분야의 업계에서는 살아남을 길이 막막해진다.

한국 베스킨라빈스, 스타벅스 사장을 거쳐 지금은 CJ의 외식사업체를 이끌고 있는 정진구 사장은 전셋집에서 살고 있지만, 업무에 필요한 비용을 모두 자신이 부담한다고 한다. 이는 그가 존경받는 여러 가지 이유 중 하나다. 그렇다고 많지 않은 월급을 받으면서 자기 돈을 써가며 회사를 다니는 것이 바람직하다는 것은 아니다.

분명한 것은 회사의 것이라고 해서 다른 사람 눈에 거슬릴 만큼, 또는 상식을 넘어서는 차원에서 마구잡이로 쓴다면 결국 그

대가는 어떻게든 치르게 된다는 것이다. 자기 일에는 누구보다도 욕심을 내 최선을 다하고, 정작 그 결과에 있어서는 소박한 식당을 고집하던 직원에게는 누구나 호감을 갖게 되고 좀더 넉넉한 배려를 해주고자 하는 것이 경영자들의 인지상정이다.

물론 자신에 성과에 대해서는 그에 상응하는 마땅한 보상을 요구할 줄 알아야 한다. 하지만 보상을 요구하는 데에는 늘 겸손함이 바탕을 이루어야 한다. 그래야 좀더 많은 보상과 결실을 거두어들일 수 있다.

흔히 직장인의 '처세'라고 하면, 부정적인 이미지가 강하다. 어떻게든 살아남고, 어떻게든 남보다 더 많은 것을 거두겠다는 생각은 자칫 비굴해 보이기까지 한다. 하지만 직장인에게 '처세'란 결코 빼놓을 수 없는 핵심요소다. 좀더 긍정적인 '처세'를 익히기 위해서는, 직장생활 전반에 걸쳐 성실과 겸손을 바탕으로 투명해지자. 일은 그 다음이다!

중국 광저우廣州 현대홈쇼핑 마케팅팀 김진석(가명, 36) 과장은 제대로 된 유통맨이다. 백화점을 거쳐 인터넷 쇼핑에서 홈쇼핑에 이르기까지, 그리고 중국 시장개척이라는 중대한 업무를 맡고 세계를 향해 뛰는 그에게 평범하지만, 비범한 이야기를 들어본다.

1. 왜 출근을 하는가?

어이없게 들릴지 모르지만, 재미있어서 출근을 한다. 진심으로 회사 일을 좋아하고 재미있어 한다. 내가 매장을 배치하고 소비자의 즉각적 피드백을 받을 수 있었던 백화점 일, 우리나라 최초 인터넷 쇼핑몰 사업, 그리고 지금 중국 근무까지. 신규사업이 많았던 탓에 해도 해도 끝이 없고 의욕만큼 결과가 따라주지 않아 힘들었지만, 아무도 해본 경험이 없고 그래서 내가 하는 매일 매일의 경험이 재미가 있다. 난 신규사업 체질인 것 같다.

2. 직장생활 10년 가운데 기억할 만한 위기가 있었다면?

지난 10년 동안 매일 매일이 위기였다. 언제나 내가 하는 일은 내 맘만큼 되지 않았고, 그러면서도 다른 일을 해보고 싶다는 욕심이 늘 있었다. 늘 열심히 하고 인정받고 싶었다. 가장 기억나는 일은 입사 초기 백화점 공산품 매장에서 음료수 담당업무를 할 때의 일이다. 직매입 공산품의 재고관리를 하면서 유통업에서 재고관리가 얼마나 어려운지를 배웠었다. 모자라는 재고수량의 원인을 파악하기 위해 밤을 새워 일했고 직접 일을 해보기 위해 빈 콜라병을 정리하다 손을 베어 열 바늘이 넘게 꿰매기도 했었다. 그 때는 위기라고 생각하기보다는 그저 그냥 많이 힘들어 했다. 지금 생각해 보면 평생 갈 추억인 것 같다.

3. 위기가 기회라는 말이 있다.

그렇다. 재고정리 때문에 골치가 아파서 그 당시 도입된 월마트의 '자동발주 시스템'을 열심히 공부했다. 그 후 위기가 곧 기회가 된다는 말처럼 끊임없이 기회가 나에게 찾아왔다. 새로운 자동발주 시스템을 열심히 공부하다 컴퓨터와 관련된 업무를 많이 맡게 되었고, 이것이 밑바탕이 되어 인터넷 쇼핑몰로 발령이 났고 또한 열심히 영업 외에 마케팅에 대한 공부를 하고 그것을 적용시킬 방법을 찾다가 다시 마케팅 담당자로 전공이 바뀌었다. 그리고 회사가 중국에 진출한 이후에 아침마다 중국어 수업을 열심히 듣다 보니 중국 파견 근무라는 행운까지 갖게 되었다.

4. 기억나는 성취 스토리를 들려달라.

백화점 근무 3년차에 백화점 지하 식품매장에서 매대를 몽땅 걷어치우고 그

자리에 유럽식 노천 카페를 1주일 간 차렸다. 백화점이라면 매출을 올리기 위해 영업담당은 매대를 하나라도 더 들여놓고 싶어할 때 과감하게 행사매장의 매대를 다 걷어치우고 거기에다 유럽식 노천 카페를 본따서 고객들이 쉬어가도록 만들었다. 그리고 그 옆에다가 조그마한 원두커피 매장을 만들었다. 결과는 대성공이었다. 그 후 이러한 형식의 원두커피 행사는 서울의 유명백화점들에서 앞다투어 도입했다. 하지만 무엇보다 이런 무모한 도전과 내가 성취감을 맛보게끔 허락해 준 나의 너무나도 대단한 상사들 덕이 무엇보다 크다.

5. 직장생활 10년차를 한 마디로 정의한다면?

선순환의 고리를 잡느냐, 악순환에 쫓기느냐가 결정되는 시기라고 본다. 내가 먼저 생각하고 내가 먼저 움직여야 내가 일을 통제할 수 있다. 그래야 일도 재미있고 나의 생활도 재미있고 여유도 생긴다. 그렇지만 그저 시키는 일만 하는 사람은 악순환에 쫓긴다. 일에 쫓기고 시간에 쫓기고 돈에 쫓기고 삶의 여유에 쫓긴다. 직장생활 10년 정도 하면 선순환의 고리를 잡아내는 사람이 된다고 생각한다.

6. 언제까지 직장생활을 지속할 것인가?

아주 어려운 질문이다. 정말 돈 때문에, 월급 때문에 일하고 싶지 않다. 난 내가 좋아하는 일을 선택해서 하고 싶다. 내가 원하는 일, 재미있는 일을 하고 싶다. 그래서 올해 초 경영대학원에 진학했다. 다시 한번 재충전을 시키고 나면 시야 또한 다시 넓어질 것이다.

7. 직장 새내기들을 위한 조언을 한다면?

'3할만 치면 강타자다.' 난 무수히 많은 실패를 맛보았다. 나의 기획은 판판이 공격받았고 나의 의도는 번번이 목표를 빗나갔다. 그렇지만 그토록 많은 실패가 있었기에 난 성취감을 맛볼 수 있었다. 난 아직도 내 타율이 3할이 안 된다고 생각한다. 그렇지만 무슨 문제인가? 난 계속 타석에 들어선다. 삼진을 당한 사람은 홈런을 칠 확률이 높다. 하지만 타석에 들어서지 않으면 홈런을 칠 확률은 제로다.

25
매순간 최선의 선택을 하라

대체로 말하면 인생은 우리가 선택하는 대로 이루어진다.
- 월풀

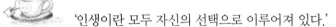 '인생이란 모두 자신의 선택으로 이루어져 있다.'

때로는 내가 아니라, 환경이나 남의 탓을 하고 싶어진다. 아울러 그것은 자신이 바랐던 일이 아니라고 말하고 싶을지도 모른다. 하지만 다른 사람의 탓을 하는 일조차 자신이 선택한 것이다.

모 대학의 요청을 받아 모의면접 평가관으로 갔을 때, 신용불량자들을 위한 '배드 뱅크bad bank' 제도에 대해서 토론할 것을 지시한 적이 있다. 그런데 아주 놀랍게도 모든 학생이 신용불량자의 발생을 국가 정책과 정치인, 그리고 신용카드 회사 등 사회의 책임으로 돌렸다. 틀린 말은 아니다. 하지만 정녕 신용불량자들에게 아무런 책임이 없고, 그들은 사회 구조의 희생양이며, 그래서 신용불량자가 아닌 사람들이 낸 세금으로 그들을 구제해 주어야 한다는 말인가?

신용불량자들에게는 돈을 쓸 때 지속적인 선택의 기회가 있었다. 그들은 지하철 대신 택시를, 칼국수 대신 스테이크를, 소주 대신 양주를, 소비의 절제보다 현금서비스를 선택했을 수도 있다. 다만 경제적 능력이 없는 자들에게 이 같은 선택이 가능했다는 점이 문제이기는 하지만, 어쨌든 벼랑 끝에 몰린 상황은 그들의 선택에 따른 결과였다.

소비행태의 잘잘못을 따지자는 말이 아니다. 아주 작은, 그리고 중요하지 않다고 생각하는 순간적 선택이 쌓여서 지금의 모습을 만들었다는 것뿐이다. 이번 달 적자는 술자리에서 맥주 몇 병 더 주문하고, 충동구매에 몇 차례 휘말린 결과다. 대단한 낭비를 한 것이 아니다. 하지만 작은 '티끌'이 쌓이고 쌓여 어떤 사람은 부자가 되고, 어떤 사람은 적자 인생에 허덕인다.

얼마 전 동네 약국에 약을 조제하러 갔다가 참 낯선 구경을 했다. 고급한 정장 차림의 아주머니가 매우 교양미 넘치는 말투로 약사에게 약값을 깎기 위해 사정하고 있었다. 처음에는 제품별로 몇천 원을 깎더니 나중에는 합산을 하고 나서, 300원 더 깎기 위해 젊은 약사에게 호소하는 모습을 지켜보고 있자니 내가 다 민망해졌다. 있는 사람이 더 한다고 하던가. 어쨌든 있는 사람들은 다른 사람들보다 '더 하기' 때문에 자신들의 부富를 유지할 수 있는지도 모른다.

경탄할 만큼 해박한 지식을 갖추고 있는 사람들의 면면을 살펴보면, 고학력자들이라기보다는 책을 많이 읽고 꼼꼼하게 신문을 읽거나 지적 호기심을 앎에 대한 충족으로 발전시킬 줄 아는 사람들이다.

우연한 상황에서 시민정신을 발휘하거나 선행을 베풀어 언론매체에 조명을 받은 사람들과 이야기를 나누어 보면, 그들은 이미 오래 전부터 알게 모르게 선행과 정의로움을 실천해 온 사람들이다. 어쩌다 한 행동에 큰 결과가 주어지는 일은 그다지 흔치 않다.

실력도 마찬가지다. 직장을 그만두고 학교를 더 다녀서 지식을 쌓거나, 어느 날 예상치 못한 한방을 터뜨려야 실력자가 되는 것은 아니다. 평소에 학습하는 습관을 가지고, 자신의 일과 관련된 부분에 도전하고, 또 작은 것들을 이루어내고, 그 다음은 좀더 어려운 목표에 지속적으로 도전·성취하면서 진정한 실력자가 되는 것이다. 큰 성공을 이루는 인물들은 작은 성취를 이루어왔던 사람들이다.

한때 미국 최고의 부자로 불렸던 월마트의 샘 월튼 회장은 지는 것을 무척이나 싫어했다고 한다. 그는 시골동네 가난한 집 아들로 태어나 어렸을 때부터 돈을 벌어야 한다는 것에 익숙했다. 그런 그는 새로운 잡지를 사람들에게 구독하게 하는 대회에서 매년 1등을 차지했고, 구멍가게를 인수했을 때는 그 동네의 가게들과 경쟁했고, 월마트를 세웠을 때는 K마트라는 당시 월마트와는 비교조차 할 수 없는 대기업과의 경쟁을 선포, K마트에서 월마트보다 싸게 파는 물건을 발견하면 그 차액을 돌려주는 정책을 적극 활용했다. 미국을 넘어 세계 최고의 유통회사를 일구어내기까지, 그는 아주 작은 성취들을 끊임없이 이루어온 것이다.

사자는 생쥐를 잡을 때도 최선을 다한다고 한다. 생쥐를 많이 잡아봐야 노루도 잡고, 물소도 잡는 거 아니겠는가. 너무 욕심을 내서 큰 것을 이루려다가 자신의 조바심에 모든 것을 잃지 말고, 작은 것들을 하나하나 이루어가는 인내와 지혜가 필요하겠다. 내 삶의 순간순간들을 온전히 내 자신이 효과적으로 책임질 수 있는 발전적인 선택과 실천으로 채워넣는다면, 미래는 결코 두려워할 일이 아니다.

직장생활 또한 선택과 선택의 연속이다. 성공 직장인들의 선택 습관을 살펴보면, 가장 뛰어난 선택을 하기보다는 최선의 선택을 지향함으로써 좋은 결과를 얻은 사례들을 쉽게 찾아볼 수 있다. 매 순간 최선의 선택을 하라. 아니, 매 순간 최선의 선택을 할 수밖에 없도록 늘 몸과 마음을 최선의 상태로 만들어라.

26

더 멀리, 더 높이 뛰어라

特別한 재능이 있는 것이 아니고,
나는 단지 호기심이 엄청나게 많다.
– 알베르트 아인슈타인

"학교 가면 선생님 말씀 잘 듣고 친구들과 사이좋게
지내야 한다."

학창시절, 우리는 이 같은 부모님 말씀을 귀에 못이 박히도록
들었다. 선생님 말씀 잘 듣고 친구들과 사이좋게 지내려면 무엇
보다 나대지 말아야 한다. 튀지 말아야 한다. 불과 얼마 전까지
는 회사에서도 톡톡 튀는 사람이 있으면 톡톡 뽑아냈다.

하지만 시대가 빠른 속도로 바뀌면서 튀는 것이 미덕이 된 듯
하다. 무조건 '튈 것'을 강조하는 이른바 '퍼플 카우 purple cow'

마케팅이 최근의 직장인 트렌드를 이끌면서 기업이든 사람이든, 무조건 튀어보자고 덤벼들고 있다. 기업들은 저마다 튀는 인재를 뽑는다는 대대적인 광고를 펼치고, 실제로도 인재선발 과정에서 '끼'가 넘치는 인재들을 우대하고 있다. 있으나마나 한 사람, 언제나 대체가 가능한 사람은 더 이상 설 곳이 없다.

요즘 신세대들은 이 시대적 요구에 걸맞게 자신을 잘 표현하고, 톡톡 튄다고 나름대로 생각한다. 하지만 대학 취업보도실에서 20년 이상 근무한 전문가의 설명은 이와는 사뭇 다르다. 즉 20년 전이나 지금이나 학생들 이력서를 보면 천편일률적이고, 자신에 대해 제대로 피력할 줄 모른다는 것이다.

대학에서 강의를 하다 보면, 나의 학창시절이나 지금의 학생들 분위기나 별반 다를 것이 없다는 인상을 받곤 한다. 강의실 앞자리는 늘 비어 있고, 질문하라고 하면 서로 눈치나 보고, 토론시간을 주면 어색해하며 잡담 수준에 그치고…. 솔직히 말하면, 옛날보다 영양상태가 좋아졌고, 옷차림이 세련되어졌고, 이성 간에 좀더 개방적인 태도를 취한다는 것을 제외하면 아무것도 달라진 게 없다.

사실 튀는 사람을 원한다고 하지만, 사회나 광고에서 말하는 튀는 사람과 기업이 원하는 튀는 사람 사이에는 뚜렷한 차이가 있다. 대중매체가 제시하는 노출이 심한 복장, 또는 파격적인 염색이나 피어싱 등이 회사가 바라는 '튀는' 인재상에 부합하는 것은 결코 아니다. '끼'라고 해서 춤과 노래만 있는 것도 아니다. 이런 사람들은 오히려 회사에서 환영받지 못한다. 회사는 일터이며, 수많은 사람이 생계를 꾸려가는 신성한 공간이다. 나이트클럽에나 어울릴 태도를 갖고 출근하는 사람을 정상이라고 볼 수 있겠는가.

톡톡 튀는 직장인들은 늘 원칙에 충실한 사람들이다. 뒤집어 말하면 원칙과 상식, 그리고 정도正道에 충실할 줄 아는 사람이 제대로 된 '파격'과 신선한 '끼'를 마음껏 발산할 수 있다는 의미다. 업무 방식을 튀는 아이디어로 혁신함으로써 새로운 활력을 불어넣고, 늘 어딘가에 안주하지 않고 끊임없이 새로운 눈으로 세상을 바라볼 줄 아는 사람들을 회사에서는 두손 들어 열렬히 환영한다.

우리나라 사람들보다 덜 영리하지만(?) 가장 많은 노벨상 수상자를 배출한 유태인들은 아이들이 학교를 갈 때, "오늘 선생님께 질문 많이 해라"라며 배웅한다고 한다. 그저 수동적으로 배우는 것이 아니라, 그것을 익히고 창의적인 질문을 하도록

❝ 깊은 경험과 연륜 쌓인 직장인들이 톡톡 튄다면
그 파괴력은 엄청날 것이다. 이제 자신의 낡은 그림자를
벗어던지고 힘껏 더 멀리, 더 높이 튀어보자. ❞

격려받은 아이의 미래는 그렇지 못한 아이보다 얼마나 더 밝겠는가.

역시 노벨상 수상자를 가장 많이 배출한 국가인 미국에서 내가 느낀 바도 이와 비슷하다. 처음 미국에서 수업을 들을 때, 미국 아이들은 너무나 질문도 많이 하고, 수업시간에 이런저런 다양한 토론을 열곤 한다. 그런데 대부분 너무 평범하거나 때로는 어이없는 이야기를 하여 솔직히 실망도 하고, 당황하기도 했다. 교수님은 방금 설명한 것을 그대로 물어봐도 인내심도 좋으시지, "좋은 질문이야!" 하시면서 이미 한 설명을 조금 다른 각도로 또 설명하고는 "또 다른 질문 없니?"라고 강의실을 둘러보신다. 나는 혼자 속으로 '한국에서 저랬다가는 한대 맞지…' 중얼대곤 했다. 하지만 유학선배의 설명을 들으면 놀라지 않을 수 없었다. 처음에는 어이없는 이야기를 늘어놓거나 반복설명을 요구했던 학생들이 1~2년 지나면 생각지도 못한 엄청나게 멋진 질문과 의견을 내놓는다는 것이었다. 늘 진지하게 무언가 질문을 하려고 들다 보면, 새로운 것이 어느 날 보일 수밖에 없다는 것은 어쩌면 너무나 당연한 것이 아닌가!

그렇다면 어떻게 해야 회사가 바라는 튀는 인재가 될 수 있을까. 여기에는 두 가지의 견해가 존재한다.

첫째, 자신을 끊임없이 낯설게 만든다. 즉 익숙해지지 않는 것이다. 익숙해지는 순간 자신의 관성과 조직의 관행을 따르게 된다. 대체로 신입사원들에게 요구되는 기술이 바로 '익숙해지지 않기' 다. 어린아이는 귀찮을 정도로 엄마에게 '왜?' 라는 질문을 한다. 이 질문은 새로운 해답을 만들기도 하고, 기존의 답을 다시 생각하게 하는 기회를 준다. 따라서 직원 채용시 회사들은 조직에 활력을 불어넣을 수 있는 이 같은 능력을 중시하는 것이다. 이는 무에서 유를 창조하는 기술이다.

둘째, 유에서 유를 창조하는 것이다. 많은 지식과 경험을 쌓음으로써 그들을 조합하여 새로운 것을 창조해 낸다는 의미다. 뿌리가 튼튼해야 건강한 싹이 나고 훌륭한 열매를 맺을 수 있는 것과 같다. 정확히 어디서 나왔는지 모르지만, 경험에서 우러나온 통찰력을 가지고 새로운 영감을 얻어서 그것을 현실에 필요한 형태로 재창조하는 것이다. 이는 연륜이 쌓일수록 더 창조적인 업적을 이루어내는 학자들에게서 흔히 찾아볼 수 있다.

새내기 직장인들이라면 전자의 경우를, 직장인 10년차라면 후자의 경우를 주목해야 할 것이다. 톡톡 튀는 감성과 창의력은 젊은 직장인들만의 전유물이 아니다. 원칙에 충실하고, 깊

은 경험과 연륜에 바탕한 직장인들이 톡톡 튄다면, 그 파괴력
은 실로 엄청나다. 그 동안 톡톡 튀고 싶어도 권위와 전통에 뿌
리박은 회사문화 때문에 엄두를 내지 못했다면, 이제 자신의
낡은 그림자와 웅크림을 과감히 벗어던져라. 자신이 쌓은 지식
과 경험의 높은 벽에서 뛰어내릴 수 있는 용기가 있어야, 더 높
게 튈 수 있다.

새로운 미래는 새로운 사람의 것이다.

27

인내를 내 몸과 같이 사랑하라

훌륭한 사람은 불행하고 쓰라린 환경에서도
끈기 있게 참고 견딘다.
－베토벤

 '급여는 노동의 대가가 아니라 인내의 결실이다.'

직장 다닐 때, 나는 이 같은 생각을 하곤 했다. 그러지 않고는 도저히 회사생활을 견딜 수 없는 시절이 있었기 때문이다. 그 이유가 무엇이 되었건, 일반 생활보다 훨씬 높은 수준의 인내심이 요구되는 곳이 바로 '조직'이다. 사표 집어던지고 당당하게 회사를 빠져나가고픈 유혹을 가져보지 않은 직장인이 어디 있으랴. 하지만 선배들이 하는 충고는 한결같다.

"참아라!"

옛말 그른 것이 없다. 참는 자에게 복이 있는 듯하다. 물론 참아야 할 것과 참지 말아야 할 것은 분명 따로 있다. 참지 말아야 할 것을 참는 것은 진정한 인내가 아니다. 인내심이 강한 사람은 참지 말아야 할 것은 결코 참지 않는다.

가끔은 너무 억울한 일에 얽혀 참을 수 없는 모욕을 당하는 경우도 있다. 사정을 설명할 기회도 주지 않고 일방적으로 직위나 나이 등의 속된 '파워'를 내세워 함부로 할 때는 두 가지의 옵션이 있다.

첫째, 성질대로 같이 큰 소리를 내기 시작해서 내가 억울한 점을 토로하거나, 똑같이 모욕을 주는 방법이다. 이럴 경우에는 어설프게 해서는 안 된다. 그랬다가는 '하극상'만 명백해져서, 결국 오해가 풀리더라도 내가 절대적으로 불리해진다.

둘째, 그냥 참는 것이다. 인정 못 하는 부분이 있더라도 우선은 상대방의 분이 풀릴 때까지(보통 이런 경우는 상대방이 화가 많이 나 있는 상태다) 참는 것이다. 그 후 상황을 봐가며 해명한다.

사회생활을 하면서 인내와 관련된 상황을 통해 깨달은 바가 있다면, '하고 싶은 말을 다 하면, 결국 하고 싶은 일을 할 수 없다'는 것이다. 솔직히 말해 질투 때문이든, 싫어하는 마음이 들어서든 상습적으로 앞뒤를 정확히 알아보지 않은 채 무턱대고 화부터 내고, 그러면서 인신공격까지 더해서 상대에게 상처를 주는 사람치고 자신이 원하는 것을 이루는 경우를 보지 못했다.

불같은 성격의 김 대리는 후배들을 아주 혹독하게 다루기로 유명하다. 그러면서 '뒤끝이 없다는 것'을 장점으로 내세운다. 그리고 자신에게 필요한 것이 있거나 자신이 불이익을 당할 상황에 이르면, 윗사람을 찾아가 꼭 자신의 의견을 관철하는 힘을 갖고 있다. 하지만 그는 2년째 과장을 달지 못하고 있다. 번번이 정기 승진인사에서 누락되는 바람에 그는 후배들과 과장자리를 놓고 경쟁하는 처지에 놓였다. 그는 어김없이 경쟁자로 여겨지는 후배들에 대해 툭하면 별 것도 아닌 꼬투리를 잡아 인신공격하거나, 아주 작은 업무조차 이 핑계 저 핑계를 대며 결제를 해주지 않고, 급기야 회사 내에 안 좋은 소문을 퍼뜨리기도 했다. 하지만 결국 그 후배들 중 한 명이 과장 진급을 했다.

사람들은 이처럼 자신의 감정을 다스리지 못하는 사람들에게는, 작은 것은 양보하거나 내주지만 결코 큰 것을 내주지는 않는다. 정작 김 대리는 자신이 점점 포악해져가고, 자신에 관한 소문이 점점 안 좋아지고 있다는 사실을 깨닫지 못하고 있다.

더욱 중요한 사실은, 그런 그에게 진심어린 조언을 해주는 사람이 없다는 것이다.

오늘도 참아야 하는 상황이 있다면, 결국 승리는 참는 자의 몫이라는 점을 기억해 두자.

정반대의 경우도 있을 수 있다. 상대방이 명백한 잘못을 해서 내가 누군가에게 화를 내야 하는 상황이다. 이런 경우 옵션은 세 가지다.

첫째, 성질대로 퍼붓는다.

둘째, 아뭇소리 않고 관계를 끊거나, 다시는 함께 일하지 않는다.

셋째, 상대방에게 잘못된 점을 인식케 하여 사과를 받고 관계를 마무리한다.

많은 직장인들이 두번째 옵션을 선택한다. 하지만 사람에 따라, 아니면 그 상황을 받아들이는 정도에 따라 화를 내는 사람도 많다. 욕을 하는 사람도 있고, 모욕을 주는 사람도 있고, 저주를 하는 사람도 있다.

그러나 우리에게 필요한 것은 화를 내는 '기술'이다. 화는 참아도 화, 내도 화다. 잘못된 일에 대해서만 이야기하며, 잘못된 것은 바로잡게 하고, 나의 화가 난 심정을 상대에게 세련되게 전달하여 그에 상응하는 보상과 시정 또는 사과를 받아내는 기술이 필요한 것이다. 직장생활에서는 웬만해서는 인간성을 모독해도 될 만큼 큰 잘못을 저지르는 일이 그리 흔하지 않다. 그리고 나 또한 그런 잘못을 고의건, 실수이건 언제나 저지를 수 있다는 점 또한 명심해야 한다.

물론 업무 때문에 큰 소리가 날 수는 있다. 하지만 그것은 어디까지나 일에 관한 것이고, 감정이 격해져서 해서는 안 될 소리를 했다면, 그것은 사과를 해야 한다. 일 때문에 그 책임자가 미워질 수 있지만, 그것을 핑계로 인간성을 짓밟는 것은 무단횡단 한다고 차로 들이박는 것과 다를 것이 없다. 오히려 화가 날 때, 그것을 세련되게 잘 다루어서 상황을 어른스럽게 수습한다면 마구잡이로 성질을 내는 것보다 훨씬 좋은 결과가 돌아올 것이다. 최소한 건강에는 그게 좋을 것이다.

대인관계뿐 아니라 업무에서도 강한 인내가 요구된다. 하고 싶은 일만 하고 사는 사람은 없다. 자신이 하고 싶은 일을 위해서 꾹 참고 해야 하는 일도 많다. 예를 들어 상사가 지시해서 하긴 하지만, 소용없는 일들이 있다. 그래도 그 일은 결코 헛수고가 아니다. 내가 상사의 지시를 이행했다는 사실은 남는다.

상담을 하다 보면 쉽게 남들이 인정하는 것을 얻고자 바라는 학생들이 있다. 어려운 시험을 치르는 것과 같은 과정에는 고개를 절레절레 흔들면서 전문직이 누리는 혜택을 바라는 직업을 내가 콕 찍어주기를 바란다. 나는 단호하게 말한다.

"세상에 공부 안 하고 잘 치를 수 있는 시험은 결코 없습니다."

과정을 꾹 참고 성공적으로 견뎌낼 자신이 없다면, 어떤 결과나 성과를 탐할 자격이 없다.

28
자기 자신을 설득하라

남을 설득하려고 할 때는 자기가 먼저 감동하고,
자기를 설득하는 데서부터 시작해야 한다.
-칼라일

아무런 스스럼없이 거짓말을 하는 사람들을 종종 만날 수 있다. 어떻게 저런 뻔한 거짓말을 입에 침도 안 바르고 할 수 있을까? 어쩜, 저렇게 심한 거짓말을 할 수 있는지 기가 막힌 경우가 있다.

사기를 쳐서 어떤 경제적 이득을 보겠다고 작정을 한 것도 아닌데, 자신의 나이, 직업, 가족들 신상까지 태연자약하게 속이는 사람도 있다. 이처럼 가공할 만한 거짓말을 자연스럽게 하는 사람은 정상이 아니다. 그런데 가만히 들여다보면, 사실 그들은 남을 속이려고 한다기보다 자신의 거짓말을 마치 진실로 믿고 있는 듯하다. 실제로는 서른 살이지만 스물일곱 살이라고 말하며 그 행세를 버젓이 하고 다닌다면, 그는 자신이 진짜로 스물일곱 살이라고 생각하고 있다고 봐야 한다. 그렇기 때문에 자연스러울 수가 있다.

즉 스스로가 그렇게 생각하고 믿고 있다면, 모든 행동이 자연스러워진다. 따라서 거짓말도 잘 하려면 자신을 먼저 완벽하게 속여야 한다. 내가 내 자신을 철저하게 이해시킬 수 있을 때 완벽한 거짓말이 나올 수 있다.

중요한 회의의 회의록 작성을 맡은 적이 있었다. 출입문 쪽으로 칠판이 있고, 큰 의자가 놓여 있었다. 나는 참석자 중에서 가장 서열이 낮았기에 어느 자리에 앉아야 하나, 고민이 되지 않을 수 없었다. 여러 가지 궁리 끝에 막 회의가 시작되기 전에 출입문 앞자리에 앉았다. 문앞에 자리를 잡은 채 참석자들에게 유인물도 나누어주고, 혹시 누가 부르면 회의를 방해하지 않고 튀어나가기 좋게 하기 위해서였다. 그런데 회의가 끝나자 한 부장님이 나를 불러 껄껄 웃으면서 핀잔을 주셨다.

"출입문 근처 자리가 VIP 좌석임을 정녕 모르는가? 가장 어린 친구가 가장 상석에 앉아 있다니…. 뒤통수가 따갑지 않던가, 허허."

처음에는 무슨 뜻인지 몰라 어리둥절했지만, 곧 머리를 긁적이며 나도 웃음을 참지 못했다. 그리고 이는 내게 소중한 경험을 주었다. 다른 사람에 대한 나의 배려가 오히려 불편함을 제공할 때도 있다. 즉 나는 다른 사람을 '배려' 한다고 생각했는데, 따지고 보면 내가 편하고자 취한 행동에 불과했다는 것이다. 결과적으로 나는 나 자신을 멋지게 속여넘긴 것이다.

인간은 현상을 유지하고 싶은 의지와 변화를 추구하는 마음을 동시에 갖고 있다. 자신의 삶이 만족스러운데도 다른 삶을 동경하기도 하고, 자신의 삶이 불만족스러운데 변화를 쉽게 꾀하지 못하기도 한다. 그러나 정작 중요한 것은 변화를 하느냐 못하느냐가 아니라, 그간 겪게 되는 갈등이나 마음고생이다. 이런 갈등은 단조로운 인생의 활력소가 되는 면도 없지 않지만, 인생을 낭비하거나 자신의 삶이 망가져가는 것을 방조하는 결과를 가져오기도 한다.

많은 직장인들이 파랑새 증후군을 갖고 있다고 한다. 자신의 직장에 대해 딱히 불만이 없는데도 다른 곳을 기웃거린다는 의미다. 그렇다고 실제로 더 좋은 곳을 찾아서 떠나는 사람도 그리 흔치는 않다. 같은 회사를 성실하게(?) 다니면서도 1년 365일 '그만둔다'는 말을 입에 달고 다니는 직장인도 있다. 그만둘 회사에 출근하는 사람이 어떻게 행복해질 수 있겠는가. 바로 이 순간 필요한 것이 결단이며, 자신을 납득시키는 것이다.

기왕 다닐 회사라면 기쁜 마음으로 근무하는 것이 좋지 않겠는가? 마지못한 인생을 살고 있다고 광고까지 하고 다닐 필요는 없다. 스스로 회사의 좋은 점을 계속 떠올리며, 스스로 만족을 찾는 노력이 필요하다. 자신의 의지로 회사를 그만둔 사람들은 대체로 일정 시간이 흐르면 예전의 일터를 그리워하곤 한다.

회사를 옮기면, 그만큼 모든 면에서 기득권을 포기하고 새롭게 시작해야 한다. 온갖 텃세도 참아내야 한다. 그러다 보면, 예전의 자신의 일터가 그다지 나쁘지만은 않았다는 사실을 깨닫게 된다. 다만, 나 자신이 좋은 장점들을 발견해 내지 못했을 뿐이다.

그리고 어떤 변화를 원한다면, 그 변화를 위한 자기 설득이 지속적으로 필요하다. 이성적으로 판단했을 때 회사를 옮기는 일이 필요한 이유가 100 가운데 49를 차지하고 있다면, 이를

51로 만드는 것은 결국 자기 자신이 납득이 되느냐, 안 되느냐의 여부다. 계속 모든 것을 49에 놓고 망설이고만 있다면 결국 떠밀려서 자기 스스로도 납득할 수 없는 이유로 변화를 꾀하게 된다. 이보다는 먼저 결단을 내리고 행동을 취하는 자세가 필요하다.

한 클라이언트가 어느 주말에 책 두 권을 읽었는데, 모두 유학과 관련된 서적이라 자신도 유학에 대해 진지하게 생각해 보았다고 한다. 하지만 사실관계를 들여다보면, 그는 그 책을 읽은 후가 아니라 그 책을 선택하게 된 데서부터 스스로 유학에 대한 마음이 49 정도 있었던 것이다. 그리고 그것을 51로 만들기 위해 무의식을 가장해 자신을 납득시키기 위한 독서를 했을지도 모른다.

사람들은 자기 스스로 어떤 결정을 내리고 싶어하면서도, 누군가가 그것을 대신 내려주고 자신은 그것에 따르기만을 원하기도 하고, 알 수 없는 운명의 힘에 이끌리고 싶어하기도 한다. 외부의 결정 또한 어느 정도 본인이 원하는 것을 다른 사람이 자신을 납득시켜 주기를 바라는 데에 지나지 않는다. 하지만 이 같은 결정을 스스로의 의지대로 내리고 행동하는 것이 더욱 성숙된 사람의 자세임에 분명하다.

지금 속으로 바라는 것이 있다면 그것을 51로 만드는 자기 설득이 필요하다. 만일 자신을 납득시키지 못하겠다면 그냥 깨끗이 포기하고 잊어버리거나, 훗날을 기약하는 것이 바람직하다.

29

나는 내가 생각하는 그 이상이다!

가만히 있어도 장점은 빛난다. 인재는 주머니 속에 있어도
송곳처럼 뚫고 나오게 마련이다.
- 무명씨

직장인 대상으로 교육을 할 때 자신의 장단점을 쓰게끔 하는 경우가 종종 있다. 그러면 아주 신기한 현상을 발견할 수 있다. 분명 장점을 쓰는 란이 위쪽이나 왼쪽에 있는데, 순서를 거슬러서 대체로 단점부터 쓰기 시작한다는 것이다. 아주 열심히 정성을 들여 쓴다. 그리고 나서 비로소 장점을 고민하기 시작한다. 고민하다가 몇 자 적을 수 있으면 그나마 다행이다. 아예 빈칸으로 남겨놓는 사람들도 많다.

그들은 누구 못지않게 성실한 삶을 살아왔으며, 남부럽지 않

은 자리에 올라 있는 사람들이다. 그런데도 자신의 장점을 설명하는 데 유난히 취약하다. 어릴 적부터 겸손의 미덕을 교육받아왔기 때문일 것이다. 다른 사람들 앞에서 자신의 뛰어난 점을 드러내지 않고 몸과 마음을 낮추는 자세는 분명 아름답다. 그리고 스스로 부족하다는 인식에서 더욱더 많은 노력을 기울이는 태도 또한 아름답다. 하지만 지나친 겸손은 예의가 아니다. 아울러 지나친 낮춤은 자칫 자기비하로 이어질 가능성이 크다.

'그저 운이 좋았을 뿐이야.'
'나보다 잘 한 사람들도 많지 않나?'
대한민국 직장인들은 자신의 성과를 자신의 경력으로 연결시키는 데 망설임이 많다. 연봉협상이 끝난 후 '후회한다'라는 응답이 직장인들 가운데 70% 이상을 차지한다는 설문조사도 있다. 알찬 성과를 거두어놓고도, 그에 상응하는 대우를 당당하게 요구하지 못하는 까닭은 무엇일까. 가장 큰 이유는 '협상력' 부족 탓이다.

"한국 직장인들은 너무 지나치게 허리를 굽힙니다. 각종 입찰서류들을 살펴보면, 매우 튼튼한 재무구조를 갖춘 회사일뿐더러 지난 3년 간 실적이 훌륭한데도 막상 실무자들과 접촉하면 자신감이 결여된 모습을 자주 발견합니다. 그래서 서류상에 나타나지 않는 어떤 문제점들이 그 회사에 있지 않나 의문이 들곤 합니다."

외국인 클라이언트들에게서 종종 듣는 우리나라 직장인들의 현주소다. 협상에서 스스로 '약자'를 자처하는 실수를 저질러서는 안 된다. 약자를 자처하면, 상대는 자연스럽게 강자가 되는데, 승부는 뻔한 것 아닌가. 자신감을 가져라.

'나는 내가 생각하는 그 이상이다!'

직장생활 10년을 돌아보라. 내가 어떤 일을 잘 하는지 스스로에게 아낌없는 점수를 주어보라. 내가 갖고 있는 매력과 장점들을 한껏 높이 띄워보라.

'나는 누구보다 일찍 출근해서 업무준비에 만전을 기한다.'

'내가 진행하는 프로젝트를 동료들이 부러워한다.'

'지금 실적이 톱 클래스는 아니지만 작년이나 지난 분기에 비해 지속 성장하고 있다.'

'내 주위에는 내가 손을 내밀면 언제든 달려와 그 손을 잡아줄 선후배들이 있다.'

'나를 세상 최고로 여기고 있는 아내와 딸이 있다.'

이 같은 생각들은 나를 자신감 넘치고 긍정적으로 만들어줄 뿐 아니라 더욱 생산적인 유능한 직장인으로 이끌어준다. 자신의 매력을 발견할 줄 알아야 다른 사람의 매력을 찾을 줄 안다.

직장생활 10년차라면 주변 동료들이나 후배들과 서로의 매력을 나눌 줄 알아야 한다. 아낌없이 칭찬해 주고 당당하게 자신을 표현하라. 비즈니스 세계에서는 약자가 들어설 공간이 없다. 따라서 아직 '강자'의 입창에 서지는 못했더라도, 결코 '약자'가 되어서는 안 된다는 사실을 명심하고 또 명심하라. 강한 자신, 강한 팀, 강한 회사를 만들 책임이 나에게 있다. 당당한 자신감은 상대방에게 깊은 인상을 남기지만, 겸손은 그저 보편적인 미덕일 뿐이다.

겸손보다는 자신감이 매우 유력한 '차별화'의 기술임을 잊지 말아야 할 것이다.

30
내 삶의 핵심 성장엔진은 가족이다

가정은 나의 대지다.
나는 거기서 나의 정신적인 영양을 섭취하고 있다.
– 펄벅

출산휴가에서 돌아와 힘겹게 이중생활(?)을 하던 무렵이었다. 다른 여자선배들은 어떻게 아이를 낳고, 어떻게 커리어를 지켜나갔을까? 살찌고, 밤잠을 설쳐 늘 부어 있는 듯한 느낌에, 맞는 옷도 없고, 머리는 아이큐가 한 50쯤 떨어진 것처럼 잘 돌아가지 않았다. 비로소 나는 모든 워킹맘을 존경하기에 이르렀다. 어떤 조언이라도 얻을까 싶어서 아이 셋을 둔, 함께 일하던 여자 차장님한테 물어봤다.

"차장님, 차장님도 한때 정말 잘나가셨잖아요? 애기 낳고서는 어떻게 하셨어요?"

뛰어난 외모와 학벌…. 모든 것이 대한민국 1% 안에 충분히 들고도 남았다. 외국어 동시통역사로 활약했던 그녀는 불혹의 나이에 마케팅 차장 직함을 갖고 일하고 있었다.

"내가 일 욕심을 냈다면, 지금 어디 이사는 못 됐겠어? 한참 일할 때 애기 낳고서 프리랜서로 일을 다시 시작했지. 어학이라는 게 꾸준히 하지 않으면 많은 걸 잃어버리게 되더군. 동시통역사라는 직업이 내 커리어에는 매우 유용했지만, 이제 더 이상 그 일을 못 하게 된 거에 대한 후회는 없어."

결혼과 출산을 뒤로 한 채 오직 일에만 매달렸다면, 지금쯤 우리나라를 이끌어가는 여성 리더가 되셨을 분이지만, 화려한 경력을 과감하게 접고 아이 셋의 올곧은 성장을 위해 힘을 쏟으며 성실하고 소박한 직장생활을 하고 계셨다. 그러면서도 꾸준하게 공부해 MBA를 취득하는 등 빈틈없는 자기계발 노력을 통해 자신의 위치를 단단하게 지켜나가고 계신다. 하지만 같은 여성으로서 안타까운 마음이 드는 것이 솔직한 심정이다.

시간이 흐르면서, 나 또한 아이를 키우면서 점점 그녀의 '후회는 없었다'라는 단호함을 이해할 수 있었다. 그녀의 세 아이는 그녀의 삶을 후회 없게 만들 만한 충분한 가치가 있으리라,

❝ 삶의 중요한 목표가 '가족'이 될 때,
가족에서 받을 수 있는 엄청난 사랑의 에너지가
나를 성장하게 만든다. ❞

몸소 느꼈기 때문이다.

가족은 우리가 생각하는 것 이상으로 우리에게 깊은 영향을
끼친다. 퇴직자 컨설팅에서 가장 중요한 부분 중 하나가 '퇴직
사실을 가족에게 이야기하기'다. 특히 원치 않은 퇴사를 한 경
우 '가족들이 어떻게 자신을 받아들일까' 하는 문제를 가장 힘
겹게 여긴다. 힘겨울 때 가장 가까이에서 위로받고, 마음의 안
식을 얻어야 할 가족에게 가장 많은 부담을 가지고, 때론 돌이
킬 수 없는 큰 상처를 받기도 한다. 나는 그들과 상담하면서 내
가 마치 그들의 '가족' 역할을 대행하고 있다는 느낌을 가진 적
도 많았다.

한창 배우자와 사랑을 나누고 아이들 커가는 모습을 순연한
눈길로 바라보아야 할 시기에, 일상의 대부분을 일터에서 보낼
수밖에 없는 입장이 바로 대한민국 직장인들이다. 평일은 그렇
다 치더라도 주말이나 휴일에조차 가족들과 시간을 보내기보다
는 TV를 벗 삼아 하루 종일 꾸벅꾸벅 졸기 일쑤이며, 그나마 공
적인 행사로 오붓한 시간들을 희생시키는 날도 적지 않다.

'한 살배기 아기가 아빠를 보더니 울더라'는 말도 직장인들
사이에서는 꽤 설득력을 얻고 있는 웃지 못 할 이야기일 터다.

하지만 아이들과 놀아주라는 잔소리도 피곤하다는 이유로 귓등으로 듣게 되는 것은 별 의미 없는, 이른바 '돈 버는 유세'일 뿐이다. 사실 아이들과 놀아주어야 하고, 배우자와 행복한 시간을 보내야 하는 것은 그들을 위해서가 아니라, 나를 위해서이기 때문이다.

제아무리 혈연으로 맺어져 있다 하더라도 평소에 몇 마디 나누지 않고, 따뜻한 포옹 한번 배려하지 못한다면, 가족은 가족이란 범주를 점점 벗어날 수밖에 없다. 특히 내가 약해졌을 때는 더욱 그렇다. 그렇게 멀어지다 보면 어느 날 문득 서로의 몸과 마음에 '애증'이라는 안타까운 벽이 세워지고 만다. 생계를 책임진다는 이유 하나로 삶의 다른 중요한 것들을 포기할 수는 없다. 나 자신 또한 내 가족에게는 가장 소중한 '가족'이기 때문이다. 어떤 이유로도 가족을 뒷전에 세워서는 안 된다. 어떤 가치도 가족보다 우선할 수 없다는 점에 동의해야 한다. 결혼을 하고 아이를 낳아 가정을 이룬 것은 내 자신이 선택한 결단이다.

따라서 직장인들의 가장 중요한 목표들 가운데 하나는 '가족'이 되어야 한다. 새마을운동을 거쳐 전세계에서 가장 열심히 일했던 우리 아버지 세대를 보라. 그들에게는 오직 일과 회사밖에 없었다. 그러다가 IMF 외환위기를 거치면서 그들은 일을 잃었다. 하지만 그들은 일보다 더 중요한 것을 동시에 잃었다. 그것은 바로 '가족'이다.

지금 일에 파묻혀 있더라도, 그 일은 한 순간 나에게 아무것도 남기지 않고 사라질 수도 있다. 끝이 날 것 같지 않은 일도 어느 순간 내 것이 아닐 수 있다. 아무리 유능한 사람이라 할지라도 죽을 때까지 일을 하며 살고 싶지는 않을 것이다. 원하던 원하지 않던, 일이 사라진다면, 하다못해 일이 내 인생에서 차지하는 부분이 줄어든다면, 그 다음은 누구와 무엇을 할 것인가?

답은 의외로 간단하다. 이처럼 중요한 가족을 위해서 나는 무엇을 했는가? 사실 무엇을 하는가보다 '무엇을 포기했는가?'에 대해 이야기하는 것이 더욱 현실적일 듯하다. 아이의 생일을 위해서 부서 회식 정도는 당연히 빠지거나, 남편이나 아내의 생일을 위해 바쁘다는 핑계 없이 근사한 파티를 준비한 적이 있는지 자신에게 겸허하게 물어보라.

최근 주5일 근무제에 따라 가족중심 문화가 확산되고 있다. 이는 진정 바람직한 사회현상이 아닐 수 없다. 일과 가족 간에 조화를 이루는 일이 점점 중요해지고 있다. 직장이란, 성공과 기쁨을 같이할 수 있어도 실패와 슬픔은 같이할 수 없다. 실패와 슬픔을 같이할 수 있는 소중한 동반자로서 '가족'을 삶의 소중한 목표로 삼도록 하라.

일과 성공은 미래형이지만 가족은 늘 현재형 가치다. 언제나 미래는 현재를 잘 가꾸고 보살필 줄 아는 사람에게 찾아온다.

31

돈을 써서 시간의 잔고를 늘려라

인간은 항상 시간이 모자란다고 불평을 하면서
마치 시간이 무한정 있는 것처럼 행동한다.
– 세네카

우리는 솔직히 돈 벌기 위해서 일한다. 물론 다른 이유와 목적도 충분히 많지만, 가장 중요한 이유 중 하나가 돈을 버는 것이다. 그것이 가족의 생계비가 되었건, 본인의 용돈이 되었건 돈을 버는 것은 우리가 직장생활을 하는 데 중요한 요소다. 하지만 우리가 추구하는 궁극적인 목표가 돈은 아니다. 물론 돈이 굉장히 중요한 사람도 있다. 그런 사람들은 직장을 다니기보다는 지금 사업을 하고 있거나, 대규모 재테크에 참여하고 있을 가능성이 크다.

우리가 추구하는 것은 돈 그 자체보다 돈이 주는 그 무엇일 가능성이 매우 높다. 돈이 주는 안정감, 안락함, 그리고 사람들의 대접 등등….

돈은 좋은 것이다. 많은 것을 가능하게 해준다. 하지만 돈이 우리 인생의 걸림돌이 되는 경우도 매우 많다. 돈이 없어서 가정불화가 생겨나고 이혼율이 증가한다. 우리는 돈 때문에 정녕 소중한 것들을 잃고 있다는 생각을 하지 않을 수 없다.

박사과정을 마치고 시간강사를 하며 기업체에 취업을 알아보고 있는 정씨는 결혼생활의 절반을 남편과 떨어져 지냈다. 결혼한 후에 부부는 더 나은 미래를 위해 과감한 투자를 결정했다. 남편은 그들의 전재산인 전세금을 빼서 미국 유학을 떠났고 국제변호사가 되어 돌아왔다. 그 동안 정씨는 아이와 함께 친정에서 더부살이를 해야만 했다. 하지만 그들은 2~3년 내에 서울 강남에 자신들의 집을 마련할 수 있었다. 이 젊은 부부에게 돈이 중요했다면 그들은 그런 결정을 내리지 못했을 것이다.

미국의 법대를 들어가기 위한 치열한 시험 준비. 시험만 본다고, 좋은 점수만 받는다고 법대를 들어갈 수는 없다. 법대를 나온다고 해서 다 국제변호사가 되는 건 아니다. 그리고 국제변호사가 된다고 해서 모두 성공을 하는 건 아니다. 이 수많은 위험 요소와 매번 부딪히는 작은 확률을 선택한 부부에게 언제나 돈은 중요한 요소가 아니었다.

그러나 정씨에게는 한 가지 후회가 남는다. 그 때 빚을 져서라도 함께 유학을 떠났어야 한다는 것이다. 그랬으면 자신도 박사학위를 취득해 취업에 훨씬 유리한 자리를 차지했을 것이고, 자녀의 영어공부 또한 걱정하지 않아도 됐을 테니 말이다. 물론 남편이 성공했으니 그런 생각을 할 수 있다. 그래도 그 옛날 전세금을 뺀다는 것에 가려진 자신의 커리어는 미처 고려하지 못한 것이 속이 상한 것은 사실이다.

컨설팅에서 만나는 많은 사람들은 '돈은 상관없으니' 내가 정말 좋아서 할 수 있는 일을 하고 싶다고 말한다. 정말 좋아하고, 신나서 할 수 있는 일이라면 보수가 얼마가 되든 상관이 없다는 것이다. 하지만 정작 그런 기회가 올 때, 그들은 돈을 아주 무시하지 못하는 경우가 많다. 그들은 자신이 좋아하는 일이라는 확신할 수 없는 어떤 요인 앞에서 통장 잔고를 떠올리며 오랫동안 망설일 것이기 때문이다. 그들이 그 돈을 무시할 수 있다면, 정말 자신이 원하는 일을 할 수 있을 것이다.

이처럼 큰돈만 문제가 되는 것은 아니다. 때론 무언가를 배우고 싶어도 돈 때문에 포기해야 하는 경우도 많다. 대학생들은 책 한 권 사보는 것도 부담스러워한다. 만 원짜리 책 한 권은 소주 세 병과 견주어지고, 액세서리 하나와 비견되기도 한다. 하지만 소주는 소주이고, 책은 책이다. 돈의 가치로 소주 세 병과 한 권의 책이 같아지지는 않는다.

대학원 진학도 단순히 돈으로만 그 가치를 따질 수 없다. 2,000만 원을 들여 경영학 석사를 딴다고 치자. 성공할 가능성이 있고, 의지가 있는 자에게는 이 돈은 매우 귀중한 종자가 될 수 있지만, 실력도 없고, 어떻게 성공하는 사람들에 묻어갈 요량으로 대학원을 가고자 하는 사람에게는 허튼 낭비일 뿐이다.

돈은 언제든지 생길 수도 있고, 사라질 수도 있다. 20대에 번 돈, 30대에 번 돈에는 차이가 나지 않는다. 막노동을 해서 번 돈이건, 사람들을 가르쳐서 번 돈이건 돈은 돈이다. 하지만 나의 발전은 다르다. 20대, 30대, 40대에 다닌 대학원, 중국어, 음식 장사는 분명히 다르다. 시간의 가치도 다르다. 대학생 때의 1시간, 직장인으로의 1시간, CEO의 1시간… 모두 다르다.

최소한 직장인이라면 돈 때문에 자신에게 필요한 것을 무시해 버려서는 안 된다. 주차비 아끼려고 새벽부터 나와 골목주차하고, 차에서 나머지 잠을 자면서 아끼는 돈이 얼마나 되나? 그를 통해서 월 20~30만 원 아낄 수 있을지 모르겠다. 하지만 사실은 그것 때문에 잃게 되는 것이 얼마나 많은지는 모르는 듯하다. 차라리 충분히 자고, 대중교통이나 택시를 타고 출근하고, 맑은 정신으로 열심히 일하는 것이 길게 보면 더 이득이다. 한참 일할 때 1시간은 임금을 시간으로 나누어서 그 가치를 매길 수 없다. 일을 하면서 그것이 경력이란 이름과 실력이라는 것으로 쌓이면서 더 큰 가치를 만들 수 있기 때문이다.

모든 것을 돈으로 계량화하는 자본주의 사회. 하지만 돈은 결코 목적이나 잣대가 아니라, 그저 '따라오는 것'이라고 성공한 직장인들은 말한다.

그의 사람이 되어주라

입사 3개월 만에 대리 진급, 1년 만에 투자심사역, 직장생활 4년차에
이사 타이틀을 다는 초고속 성장을 이어온 장인성(가명, 33)씨는 우리나
라 대표 엔터테인먼트사 재무담당 이사다. 학연도, 지연도, 아무것도
내세울 것이 없었던 그가 150여 명의 부하직원을 지휘하는 이사가 되
기까지의 이야기를 들어본다.

1. **회사를 왜 다니는가?**

   여섯 살짜리 아이를 둔 가장이 회사를 다니는 것은 너무나도 당연하지 않
   은가? 그렇다고 돈을 많이 모을 수 있는 것도 아니지만, 생활을 유지하기
   위해서 다니는 것이 솔직히 첫번째 이유다. 그 다음은 일이 너무 좋아서다.
   이 좋아서 하는 일을 오래 하려면 계속 꾸준히 하고 있어야 한다. 하고 싶
   을 때 하고, 그만두고 싶을 때 그만두면 오래 할 수가 없으니, 열심히 하는
   것이다.

2. 가장 성취감을 느꼈을 때는 언제인가?

재무담당은 회사 통장에 돈 찍힐 때 가장 성취감을 느낀다. (웃음) 회사가 굉장히 어려울 때 입사를 했다. 그러나 당시 180억 자산규모의 회사가 2년여 만에 500억 원 규모의 회사로 성장했다. 그것이 가장 뿌듯한 부분이다. 입사 첫 달에 30억 자본을 유치했다. 또한 관객 동원 230만의 영화를 비디오 · DVD를 통해서 500만 관객 동원 영화만큼의 수익을 올렸는데, 그 때 처음으로 국내 영화를 외국 배급사를 통해 진행했다. 배급사 사장님은 미국 본사의 사인을 시간관계상 뒤로 미루고 일을 진행하셔서 징계를 받으시고, 나 또한 당장에 조금 더 좋은 조건을 제시하는 국내 배급사를 선택하지 않아서 안 좋은 소리를 들었지만, 결과는 대 성공이었고 기대 이상의 성과를 가져왔다. 굉장히 위험부담이 높은 계약을 성사시킬 수 있었던 것은 회사에 이익이 될 것이라는 판단과, 신의를 바탕으로 한 배급사 사장님과의 관계 때문이 아니었나 싶다.

3. 직장생활에서 기억할 만한 위기가 있었다면?

일본 콘텐츠 업체와 50억짜리 계약을 거의 성사시키고, 3일 후 일본에 가서 사인하는 일만 남기고 있는 상황에서 새로 오신 윗분께서 시간을 두고 검토할 것을 지시하셨다. 신뢰를 바탕으로 하는 관계에서 일정을 미루는 것은 계약이 성사되지 않는 결과를 갖고왔다. 많은 생각과 고민을 하게 만든 일이었다.

4. 나이에 비해 직급이 높은데, 어려운 점은 없는가?

굉장히 많다. 우리 본부장님은 나보다 스무 살이 많으시고, 직원들의 절반가

량은 나보다 나이가 많다. 그 사람들도 받아들이기 어려운 상황이라는 것을 잘 안다. 조직이 안 서면 일이 안 된다. 그래서 직원들을 한 명 한 명 만났다. 만나서 식사도 하고, 술도 마시면서 서로의 어려운 점에 대해 이야기를 나누었다. 내가 먼저 나의 어려움을 오픈하니, 그들도 받아들여주었다. 그리고 나는 회사 내에 모든 사람에게 존댓말을 쓴다. 아무리 어린 여직원에게도 편하게 말하지 않는데, 그것이 내 나이 서열을 사람들 속에서 지우는 방법이라 생각한다.

5. 성공적인 직장생활에 가장 중요하게 생각하는 가치가 있다면?

무엇보다 '신의' 다. 아무리 훌륭한 계약서를 만들더라도, 둘 간의 신의가 깨지면 아무런 의미가 없다. 학연도 지연도 없는 나는 나의 인맥을 내 노력으로 만드는 수밖에 없었다. 내 사람으로 만들기 위해서, 내가 그 사람의 사람이 되기 위해서 많은 노력을 했다. 술도 많이 마셨다. (웃음) 어떤 사업상의 관계보다는 인간적으로 배려하려고 했다. 아무리 지치고 힘들 때라도 내가 필요하다고 하면 달려나간다. '어떤 이유로 나를 필요로 하는가?' 가 중요한 것이 아니라, '그 사람이 나를 필요로 한다' 는 것이 중요하다. 그렇게 하면, 내가 필요할 때는 그분들이 손을 내밀어주신다.

6. 이제 사장 말고 올라갈 데가 없는 거 아닌가?

사장은 사장의 피가 있고, 참모는 참모의 피가 있다고 생각한다. 나는 우리 사장님을 굉장히 존경한다. 나는 그를 대신할 사장감은 아니라고 생각한다. 계속 훌륭한 참모이고 싶다. 모든 사람이 다 CEO를 꿈꾸어야만 하는 건 아니지 않은가?

7. 직장 새내기들에게 조언을 해달라.

성공을 하고 싶다면 겸손한 자세로 최선을 다하라. 남들보다 10분 일찍 나오고, 10분 늦게 퇴근하라. 대신 일이 좋아서 자발적으로 그렇게 되게끔 하는 것이 필요하다. 나는 정말 너무 좋아서, 늘 신이 나서 일을 했다. 그리고 자신이 하는 일을 감사하게 생각하고, 그것을 좋아하고, 즐길 줄 안다면 된다.

현재present를 살아가는 것에 고마워하고, 그 순간을 즐길 수 있다면 그것 자체로 큰 선물present이다.

32

선물The Present

당신에게 가장 중요한 때는 지금 현재이며,
당신에게 가장 중요한 일은 지금 하고 있는 일이며,
당신에게 가장 중요한 사람은 지금 만나고 있는 사람이다.
- 톨스토이

내 인생의 30년 가까이를 이쪽저쪽 끝에 붙어살았던 한강다리 진입로 언덕 높은 곳에 교회가 하나 있다. 그 교회에는 '항상 기뻐하라. 범사에 감사하라'는 표어가 대문짝만하게 붙어 있다. 10대 중반까지는 '범사'가 무슨 뜻인지 몰랐고, 그후로는 관심이 없었다. 하지만 어느 날 그 말이 내 가슴으로 새겨들어왔다.

'항상 기뻐하고, 작고 평범한 일에도 감사하라.'

누구를 위해서? 예전에는 그것이 신을 믿는 사람들만의 코드라고 생각했다. 기독교인들의 과장된 기도소리와 찬송소리가 '항상 기뻐하고, 범사에 감사하는 행위'라고 생각했다. 하지만 그것은 우리가 신앙과는 상관없이 행복하게 살 수 있는 방법을 가르쳐 주고 있다. 감사하는 태도를 꼭 신앙적으로만 받아들여서 이런 삶의 기쁨을 포기할 필요는 없다. 항상 기뻐하고 감사하는 삶을 산다면, 그 삶이 어떤 모습을 갖고 있든 중요치 않다.

누군가가 행복해서 웃는 것이 아니라 행복하기 위해서 웃는다고 말한 것처럼, 기쁠 때 웃는 것이 아니라 늘 자신이 기쁘다고 생각하고 웃으면 정말 기쁨으로 충만해짐을 알 수 있다. 사실 사는 일을 힘들게 생각하면 끝이 없다. 하지만 기쁘게 생각하고, 감사할 거리를 찾는다면 그 또한 어렵지 않다.

나는 정상적인 신체를 타고난 것에 감사한다. 물론 슈퍼모델처럼 키도 크고 늘씬했다면 더 좋았겠지만, 어디 한 군데 부족한 데 없이 살아갈 수 있는 것에 감사한다. 내가 한국에 태어난 것에도 감사한다. 물론 미국이나 선진국에 태어났으면 좋겠지만, 아랍의 탄압받는 여성이나 언제 죽을지 모르는 아프리카 빈민으로 태어나지 않은 것이 다행이다. 남편과 아이와 정상적인 가정을 이룬 것에도 감사하고, 큰 병에 걸리지 않는 것, 아이가 잘 웃는 것, 남편이 내가 해준 밥 잘 먹어주는 것…. 모두 감사할 일이다.

내가 노력하면 부족하나마 그 노력의 결실을 볼 수 있는 것도, 가끔 말실수를 해도 내 뜻을 알아차려줄 수 있는 사람들이 있는 것도, 때려치우고 싶은 직장이라도 있는 것, 바쁜 것, 모두 감사할 일이 아닌가? 내가 가진 것을 간절히 바라는 사람이 분명 있기 때문이다. 대학 시절, 친구가 학교병원 영안실을 바라보며 문득 한 말이 떠오른다.

"당신이 무심코 지나고 있는 오늘 하루가 어제 죽은 사람이 간절히 원했던 하루입니다."

그 때는 섬뜩했는데, 지금 생각하니 살아 있다는 것만으로도 진정 감사하다.

진짜 그렇게 감사하다 보면 항상 기쁘다. 물론 날마다 기뻐하면서만 살 수는 없다. 심각할 때도 있고, 절망에 허우적거려 보기도 하고, 외면하지 않고 고통을 견뎌내기도 해야 한다. 하지만 그런 가운데에서도 작은 것에 감사하는 마음을 가진다면 다시 기쁨에 찬 시간들을 맞이할 수 있을 것이다.

잠시 책을 덮고 생각해 보자. 내가 감사할 것은 무엇인지. 그리고 그것들에 감사의 마음을 나타내보자. 대학 동기가 "젊었을 때는 젊은 게 좋은 거라는 걸 모른다지만, 난 알겠어. 얼마나 지금이 좋은 시절인지"라고 말한 적 있다.

그 친구는 젊다는 사실 하나만으로도 인생을 기뻐할 수 있었다. 그런데 그 친구는 나이가 들어도 전혀 변함없이 계속 그렇게 기뻐하며 산다는 것이다. 지금 자신이 가진 것이 최고 절정의 젊음이 아니더라도, 자신이 가진 모든 것이 얼마나 좋은 것인가를 매 순간 느끼며, 그것이 큰 행복의 원천임을 알기 때문이다.

직장은 선물The Present이다. 동시에 직장은 현재The Present다. 현재 선물을 받고 있으니, 나 또한 선물을 주어야 할 것이다. 내가 줄 수 있는 선물은 무엇일까. 미숙한 후배들에게 지혜와 경험을 주어 시행착오를 줄여주고, 내가 삶의 등불로 삼아 따라온 선배들의 등을 따뜻하게 두드려주는 것. 나는 후배들의 미래이고, 선배들은 곧 나의 미래가 아닌가.

33
직장은 또 다른 나의 집이다

성공하는 사람들이란 자기가 바라는 환경을 찾아내는 사람들이다.
발견하지 못하면 자기가 만들면 된다.
- 조지 버너드 쇼

 어느 회사를 방문하니, 여느 직장과는 달리 사무실 벽에 예쁜 그림이 몇 점 걸려 있었다. 실내 인테리어가 딱히 특별한 회사도 아닌데, 그림들이 유난히 인상이 깊어 물어보았다.

"아, 이 그림들이요? 우리 이 대리가 갖고 와서 걸었어요."

회사 직원들 중 한 명이 그냥 가져다가 걸었다고 한다. 예전에 함께 일하던 회사에도 집에서 화분을 갖고 와 사무실을 꾸미는 분이 계셨다. 할인마트에서 세일해서 샀다면서 주스 상자를 틈틈이 냉장고에 채워넣는 직원도 있었다. 그들은 왜 자기 돈

들여서 회사에다가 그런 것들을 가져다놓는 것일까?

"하루 가운데 많은 시간을 제가 생활하는 곳이잖아요. 어떤 때는 집에 있는 시간보다 회사에 있는 시간이 더 많은데, 어떻게 소홀할 수 있겠어요?"

자기 돈을 들여 회사 분위기를 밝게 가꾸고, 회사 돈을 더 아끼려 하는 사람은 회사에 대한 주인의식이 있는 사람이다. 사람들은 자기 집을 사면 온갖 돈과 정성을 들여 인테리어를 하고, 집도 아껴서 쓴다. 하지만 세를 살 때는 인테리어는커녕 고장 난 문도 고치지 않고 산다. 마찬가지다. 회사를 자기 회사라고 생각하는 사람과 잠시 거쳐가는 곳이라고 생각하는 사람 사이에는 커다란 차이가 있다.

회사에 가면 어떻게 남들보다 적게 일하고 대접은 더 받을까 고민하는 사람들이 많다. 솔직히 다른 동료나 선후배보다 내가 더 손해 본다는 느낌이 들어서 행복할 사람은 그다지 많지 않다. 어느 순간 우리나라 기업문화에 '우리'는 사라지고 '개인'만이 남았다.

'우리'를 외치고 애사심을 이야기하는 것은 구태의연한 기업문화라는 식의 비판이 이제는 설득력을 갖는다. 기업은 한 명의 인재를 위해 수백 명의 인력을 감축시킬 수 있다고 하니, 그 개인의 중요성은 그 언제보다 강하다.

그러나 아무리 잘난 인재라고 해도 사실 회사가 없으면 그 꿈을 펼칠 수 있는 무대가 없다. 야구를 아무리 잘 해도 어떤 구단도 받아주지 않는다면, 그는 야구선수의 꿈을 접어야 한다. 따라서 인재와 회사는 상생관계다. 서로 고급 노동력을 제공하고, 그에 따른 금전적 대가를 받는 식의 간단한 거래관계 이상이라는 의미다.

자신이 잘 되는 것이 회사가 잘 되는 것이고, 회사가 잘 되어야 내가 잘 된다는 생각을 해야만 일을 하면서도 신이 나는 법이다.

IMF 외환위기 시절에 생겨난 사내 교육조직에서 일한 적이 있었다. 경제위기 탓에 다른 회사에서는 교육부서를 축소하거나 아예 없애기도 했는데, 그 곳은 어수선한 회사 분위기를 다 잡고자 회사에서 박사급 인력을 수급해 만든 조직이었다. 그리고 훌륭한 교육 프로그램을 만들어 회사 안팎에서 깊은 관심을 끌었고, 그 효과 또한 입증받았다. 그런데 어느 날 새로 들어온 인력이 이 같은 조직의 역사를 소개해 주자, "그 때 반도체 값이 올라서 회사가 살아난 거 아니에요?"라고 반문했다.

그 시절을 지나오지 않은 나 또한 그 이야기에 며칠 밤을 설쳤다. 위기에 빠진 회사를 살려보겠다고 회사와 모든 직원이 자신이 할 수 있는 최선을 다했기에 마침내 회사는 정상에 올라섰다. 설령 그 의견이 100% 맞다고 하더라도 그 어려운 시기에 벤처 붐을 타고 회사를 뛰쳐나가는 동료들을 보며 참고, 내 회사 일으켜 세운다고 불철주야 노력한 공을 어찌 그런 식으로 무시하는 발언을 할 수 있는가. 그렇다면 그는 그의 회사를 위해서 무엇을 할 것인가? 반도체 값이 오르도록 기도하는 일 말고 또 할 일이 있겠는가?

　스스로가 회사가 잘 되게 하는 주체라고 생각지 않으면 회사를 다니는 재미도 없고, 의미도 찾을 수 없다. 회사에는 핵심사업이 있고, 핵심인력이 있지만, 그렇지 않아도 매우 중요한 일이 많다. 지금 내가 하고 있는 일도 회사를 어떤 식으로든 잘 되게 하는 일이다. 사무실 분위기가 좋아야 업무 능률이 오른다면, 회사에서 해주지 않는 것을 탓하지 말고 그림이라도 한 점 가져다 걸어보자. 그 그림으로 인해 다른 직원들도 일을 열심히 하게 되고, 서로 회사를 위해서 무엇을 할까 고민하다 보면 회사는 점점 더 잘 될 것이고, 그런 회사는 직원을 키워줄 것이다.

그리고 떠날 때 떠나더라도, 있는 동안만큼은 내 집이라고 생각하고 최대한 내 취향대로 아늑하게 꾸미고 살면, '남의 집살이 한다'는 느낌을 덜 주는 것처럼, 내가 좋아하는 그림이라도 하나 가져다 걸어놓으면 회사가 더욱 내 회사 같고 애정이 갈 것이다.

34
만만한 사람들에게 커피 한 잔!

거울에 45도 각도로 비춰진 광선은 45도 각도로 반사된다.
사람의 마음도 마찬가지다. 내가 계산을 하고 있으면
상대방도 계산을 하고 있고, 내가 그렇지 않으면 상대방도 그렇지 않다.
– 미시마 가이운

회사를 함께 다닐 때도 각별히 친하게 지냈고, 회사를 나와서도 계속 인간적 친분을 유지해 온 과장님의 남편이 갑자기 돌아가셨다. 그 소식을 듣고, 나는 내가 다 하늘이 무너지는 것 같아 눈물이 멈추지 않았다. 장례식장에 가서 과장님을 뵈니 다시 눈물이 마구 솟구쳤다. 화장기도 없는 얼굴에 퉁퉁 부어오른 내 젖은 눈을 보고, 전에 모시던 직장상사분이 "상갓집 와서 우는 사람 처음 봤네"라고 말씀하셨다.

❝ 따뜻하게 건네는 녹차 한 잔!
작은 행동과 배려에
아랫사람들은 감동하게 마련이다. ❞

직장생활 30년에 인사팀장까지 거친 분이면 상갓집을 천 번은 가셨을 것이고, 첨 봤다고 하셨으면 정말 처음은 아니더라도 흔히 보지는 못했다는 뜻일 거다. 정말 상갓집에 가서 사람들은 울지 않을까? 회사동료의 가족이 세상을 떠났는데도 울지 않을까? 바꾸어 말하면 나의 가족이 죽어도 우리 회사동료들은 울지 않는다는 것이다. 물론 나도 모든 상갓집에서 눈물을 비치는 것은 아니다.

친한 친구보다, 내 혈육보다 더 많은 시간을 함께 보내고, 한솥밥 먹고 가끔은 같이 밤새워 속내를 털어놓기도 하지만, 정작 그들은 가족이나 친구처럼 가까워지기가 쉽지 않으며, 게다가 다른 부서로 가거나 직장을 옮기면 남이 되고 만다.

그래도 함께 있는 동안에는 가족과 비슷한 상하관계와 분위기가 생성되기도 한다. 전통적인 조직구조상에서 보면, 윗사람은 어렵고 아랫사람은 속된 말로 만만하게 느껴지게 마련이다. 나를 평가하고, 나의 거취를 정하는 사람이라서 그런지 높은 양반들일수록 어려운 것이 사실이다.

그래서 때로는 상사보다 부하가 가깝게 느껴지고, 의지가 될 때도 있다. 그렇다면 그들에게 윗사람에게 하는 것처럼 잘 해주고 있는가? 심리실험에 따르면, 많은 사람들이 현실에서는 자신과 가까운 사람들에게 더 많은 상처를 준다고 한다. 또한 가까운 사람에게 받은 상처는 더욱더 큰 분노를 낳는다고 한다. 즉 우리는 우리에게 중요한 사람들에게 더 큰 상처를 주며, 그 상처는 별로 가깝지 않은 사람들에게 주는 것보다 훨씬 더 큰 흉터를 남긴다는 것이다.

회사에서 화나고 짜증나는 일이 있을 때, 어려운 상사에게는 표시를 못 내도 평소 가깝게 지내는 후배에게는 작은 일을 가지고 큰 소리를 치기도 하고, 욕을 하기도 한다. 형제나 부모에게 화풀이를 하기도 한다. 하지만 근본적으로 가족과 남은 다르다. 가족은 그러려니 하고 용서가 되지만, 남은 용서가 잘 안 된다. 다만 그 만만한 사람들은 드러내지 않을 뿐이다.

외국인회사에서는 경력사원을 채용할 때 '레퍼런스 체크 reference check'라고 해서 그 사람이 전 직장에서 어떤 인물이었는지 알아본다. 스스로 이력서에 추천인의 명단을 넣는 경우, 그 사람들에게 연락을 해보기도 하지만, 헤드헌터나 인사팀에서 그 회사의 다른 사람에게 전화해서 직접 알아보는 경우도 있다. 이럴 때 반드시 그 상사의 이야기만 듣고자 하는 것은 아니다. 특히 직급이 높다면 당연히 아랫사람들의 의견이 더 중요하다. 부하직원들에게 그가 어떤 상사였는지 묻는다. 내 부하직원들은 과연 내가 옮겨가고자 하는 회사의 인사담당자에게 "네, 멋진 과장님이세요. 일도 솔선해서 하시고, 부하직원들에게도 잘 해주세요"라고 말해 줄까?

상사는 자신의 부하직원을 키워주는 것도 하나의 의무로 생각하고 있기 때문에 웬만해서는 좀 부족한 면이 있어도 덮어주려는 경향이 있다. 하지만 부하직원은 다르다. 잘 되겠다고 회사를 떠난 상사의 성공을 빌어주는 데에는 뾰족한 명분이 서지 않는다.

단순히 외국인회사로 옮길 때만 그런 것이 아니다. 요즘은 국내 기업에서도 리더십 평가를 많이 한다. 그럴 때 당연히 리더십의 대상자인 부하직원들의 의견이 반영된다. 어떤 공식적인 평가를 하지 않더라도, 어떤 사람이 잘 하고 있는지를 그 부하직원을 통해서 알아내려는 움직임도 많으며, 외국인회사뿐 아니라 국내 회사도 중요한 자리에 사람을 채용할 때는 레퍼런스 체크를 한다.

많은 권리를 누릴 수 있는 자리로 점점 올라간다는 것은 더 많은 사람을 책임져야 한다는 뜻이다. 윗사람보다 아랫사람이 많아지기를 원한다면, 아랫사람들에게 더 잘 해야 한다. 아랫사람이라고, 만만하다고 함부로 하다가는 그 동안 윗사람들에게 들인 공이 와르르 무너진다.

우리 조직에서 흔히 아랫사람으로 들어와서 당연히 거쳐가는 것 중 하나가 상사의 차 심부름이 아닐까. 시키든 시키지 않든, 윗사람에게 차 한잔 건네는 일은 누구든 경험이 있을 것이다. 하지만 아랫사람에게 차를 건네는 상사는 얼마나 될까? 자판기 앞에서 돈을 대신 내주기는 할지 모르지만 녹차 한 잔, 커피 한 잔 먼저 건네며 빙긋이 웃어주는 미덕을 발휘하는 사람은 많지 않다. 그래서 작은 행동과 배려에도 아랫사람들은 감동하게 마련이다.

35

괜찮다, 앞으로 잘 하면 충분하다

최상의 기쁨은 험악한 산을 올라가는 순간에 있다.
길이 험하면 험할수록 가슴이 뛴다. 인생에 있어서 모든 고난이
자취를 감췄을 때를 생각해 보라! 그 이상 삭막한 것이 없으리라.
– 니체

《폰더씨의 위대한 하루》라는 책에 보면 성공적인
삶을 위한 7가지 지침이 나온다.

나는 그 책을 줄을 쳐가며 읽고, 실제로 거기에 나온 다소 어
색한 서구적인 활동을 스스로 따라해 보기도 했다. 대부분의 항
목에 깊은 공감을 가질 수 있었지만 단 하나, '스스로를 용서하
라'는 대목만큼은 선뜻 이해하기 힘들었다. 하지만 얼마 후 비
행청소년을 선도하기 위해 12년 간 밤거리를 헤맨 일본의 한 고
교 교사의 기록인 《애들아 너희가 나쁜 게 아니야》를 읽으면서

비로소 그 해답의 실마리를 찾을 수 있었다.

그는 밤의 세계를 누비며 아이들이 폭주를 하고, 원조교제를 하고, 사람을 때린다고 해도 한결같이 대답한다.

"괜찮아."

이 말은 많은 아이들의 가슴 속에 새로운 인생을 향한 아름다운 물꼬를 트는 계기가 되었다. 고등학생 시절, 아이들에게 왕따를 당하면서 오랜 시간 나는 괴로웠다. 그러나 내가 정작 미워했던 것, 그리고 용서하지 못했던 것은 나를 괴롭히는 아이들이 아니라, '나 자신'임을 발견했다.

'왜 나는 그들에게 나의 정당함을 당당하게 표현하지 못했을까?'

'내가 잘못이 없다면 왜 선생님이나 부모님의 도움을 구하지 않았을까?'

'나도 뭔가 잘못을 했으니까 그런 것이다.'

한참을 고민하다가 상담실 문을 두드렸을 때 나는 따뜻한 격려를 받을 수 있었다.

"아니에요. 잘 했어요. 어린 현정이가 참 현명하네요."

순간 나는 왈칵 쏟아지는 눈물과 함께 그 아픈 기억으로부터 자유로울 수 있었고, 과거에 얽매여 따뜻한 햇살조차 부담스럽던 날들에게 안녕을 고할 수 있었다.

우리는 얼마나 자주 다른 사람에게 '괜찮아'라고 이야기하는가? 그리고 스스로에게도 '괜찮다'라고 말하는가?

유학상담을 받기 위해 찾아온 한 직장인과 대화를 나누었다.

"저…. 대학 전공이 제가 하고 싶은 분야와 틀린데요."

"괜찮아요."

"학점도 많이 안 좋거든요."

"다른 분야를 공부하실 거라면서요, 하하 괜찮아요."

"영어도 잘 못하는데…."

"괜찮습니다. 유학 가는 사람들치고 영어 잘 하는 사람 없어요."

"돈도 없는데요."

"괜찮아요. 돈 없이도 유학 갈 수 있는 방법을 한번 찾아보죠."

상담이 끝난 후 그는 마치 내가 자신을 유학 보내기라도 한 듯 무척이나 고마워했다. 유학을 정말 가고 싶었지만, 아무런 준비가 없었던 그. 그는 나를 찾아오기까지 얼마나 많은 날들을 망설이고 용기를 냈을까.

그는 유학을 갈 수 있다는 희망과 동시에, 자신의 과거와 현재상태가 '괜찮다' 는 데에 큰 안도감을 느끼는 것 같았다. 그는 유학을 가지 않아도 된다.

사실 그가 유학을 가고자 했던 것은 앞으로 잘 되고 싶어서라기보다 아무런 대책도 없이 살아온 자신의 과거를 어떻게든 보상받고 싶었던 것이다. 하지만 자신도 유학을 갈 수 있는 충분한 자격을 갖추고 있다는 사실을 알고부터는 삶에 대한 태도가 사뭇 달라진 것이다. 스스로 자신의 불성실한 과거를 용서하는 것이 가능했기 때문이다.

무엇인가를 새롭게 시도하고자 할 때마다 '내가 그 때 그런 잘못을 했지' 하는 생각이 들거나, 또는 주위에서 '네 주제에 무슨…' 하며 시큰둥한 반응을 보이면 이내 풀이 죽고 만다. 하지만 과거는 과거일 뿐이고, 이제는 거기에 더 이상 연연해하며 살지 않겠다고 결심하면 좀더 도전적인 삶의 길이 열리게 마련이다.

고등학교 때 열심히 공부하지 않아서 좋은 대학 못 가고, 전공 선택에서도 신중하지 못해 원치 않는 공부를 하면서 대학시절 내내 남들이 전공이 뭐냐고 물어볼 때마다 괴롭고, 그러다 보니 학점도 엉망이고, 취직은 다른 동기들이 하길래 그냥 묻어서 어떻게 들어는 왔는데, 적성에도 안 맞고 경쟁력도 없어보인다면, 먼저 자신을 용서하는 일이 필요하다. 그리고 지금부터 당장 새롭게 준비하면 충분하다.

그리고 다른 사람들에게도 '괜찮다'고 말해 주자.

"과장님, 제가 부족해서 이번 건은 못 하게 될 거 같아요."

"괜찮아, 다음부터 잘 해."

36
우물 안 개구리와 우물 위 개구리

사람은 할 수 있는 것의 100분의 1밖에 안 하고 산다.
– 도요타 사키치

'세계화'라는 말은 이제 어떤 감동도 주지 않을 만큼 익숙하다. 특히 월드컵을 치르면서 정말 세계가 작은 동네라는 것을 실감할 수 있었다. 네덜란드라는, 별로 가깝지도 않은 나라 출신의 감독이 대한민국이라는 나라 사람들에게 엄청난 기쁨과 희망을 안겨주었다. 역사책에서나 보던 나라들과 축구시합을 하고, 승패의 희비가 엇갈린 나라들의 네티즌들은 인터넷에서 서로 진정한 승패를 놓고 공방을 벌인다. 이제 물리적인 거리를 제외하면, 세계는 '지구촌'이 되어버렸다.

이는 한국 기업과 조직원들에게도 엄청난 영향을 끼치고 있다. 많은 외국 자본이 유입되어서 이제 우리나라 대표 기업 지분의 50% 이상을 외국인이 갖고 있다. 그러다 보니 경영형태도 점점 서구식으로 변하고, 선호하는 인재상이나 인재 경영방식도 점점 서구 기준를 따라가고 있다. 이 같은 트렌드에 부흥하듯 많은 사람들이 유학을 떠나고, 국제 경쟁력을 가진 국내 기업이 많아지면서 예전과는 달리 외국대학 출신들이 국내 취업을 많이 희망하고 있다.

서울대에 영문서류 작성법에 관한 강의를 나간 적이 있다. 한 학생이 지난 여름 인턴십을 위해 작성한 이력서에 대한 리뷰를 신청해 왔다. 그녀는 인터뷰조차 해보지 못했다고 했다. 그런데 얼마 전에 나를 찾아왔던 한 클라이언트가 그 기관에서 같은 시기에 지원을 했고, 인턴십을 받은 바 있다고 했다. 그녀는 서울에 있는 중위권 사립대에 재학 중이었다. 그뿐만 아니라 그녀는 남들은 하나 하기도 힘들다는 인턴십을 외국계 기관과 기업에서 두 차례나 한 경력을 갖고 있었다. 그녀는 고등학교를 미국에서 나왔다.

또한 얼마 전 모 대학에서 실시한 여대생 컨설팅에서 주재원인 아버지를 따라 미국에서 고등학교를 졸업했다는 학생도 국내 기업에서 인턴 경력을 갖고 있었다. 정녕 조기유학의 1세대라고 불릴 수 있는 아이들이 성인이 되어 우리나라로 속속 들어오기 시작하는 시대를 맞이한 것이다. 조기유학을 통해 원어민 수준과 맞먹는 영어를 구사하며, 경쟁력 있는 교육을 받아 기업에서도 당장 선호하는 인재가 되어 한국 인력시장에 본격적으로 나서고 있다.

어느 날 일간지 1면에 미국 대학 나온 신입사원이 7년 경력의 과장보다 업무능력이 뛰어나다는 기사가 실린 적 있었다. 그들은 단순히 한국의 대졸 신입사원들과만 경쟁하는 것이 아니다. 그들은 미국 교포들이 서른 즈음의 나이에 우리나라에 영향력깨나 있는 외국계 기업에 임원이나 지사장으로 들어오는 것처럼 나이와 상관없이 젊어지는 국내 조직의 다크호스로 떠오르고 있다.

이제 국내 기업에 근무할 때도 국제 경쟁력을 갖추지 않으면 안 된다. 기업도 점점 국제 경쟁력을 갖추기 위한 노력을 기울이는 추세인 탓에, 당연히 국제 경쟁력 있는 인재를 선호하게 마련이다. 대졸자들은 해외 대학을 졸업한 유학파들과, 20대 후반에는 해외 석사와, 30대엔 해외 박사와 치열한 경쟁을 치러야 한다. 그리고 계속 인정을 받아서 진급을 한다면, 이 같은 국제적 인력들을 부하직원으로서 다루어야 한다는 숙제가 남는다.

어떻게 하는 것이 국제적 경쟁력을 갖추는 길인가? 많은 사람들이 영어만 잘 하면 된다고 생각한다. 하지만 우리가 세계화를 하는 데에 필요한 것이 언어가 전부인가? 누구는 한국말 못해서, 한국에서 성공 못했는가? 언어가 필수이긴 하지만, 전부는 아니다. 중요한 것은 그 언어를 도구 삼아 세계로 눈을 돌리는 것이다. 바야흐로 인터넷이 발달해 전세계 어느 곳이나 실시간으로 연결되는, 더없이 좋은 시절이다.

나는 인터넷을 통해 미국 라디오 방송을 들으며, 한국에서 아이쇼핑한 물건을 외국 인터넷 사이트에서 반값에 구매한다. 오랜 맞벌이 역사를 갖고 있는 미국 엄마들이 쓰는 편리한 육아용품을 사용하며, 인터넷으로 해외 석학의 강좌를 듣기도 한다. 정기적으로 미국 서점 사이트에 들어가서 좋은 책이 있으면 구매를 하기도 하고, 미국 전문가협회에 가입해서 활동하다가 궁금한 게 있으면 생면부지의 미국 사람에게 같은 회원이라며 질문도 한다. 국제적인 사건이 생기면 CNN을 통해 우리나라에 보도되는 것과 비교를 하기도 하고, 우리나라의 월드컵을 다른 나

라에서 어떻게 보는지, 이런저런 신문 사이트를 돌아다녀보기
도 한다.

물론 내가 유학을 다녀왔기 때문에 이 같은 활동이 가능하다.
하지만 유학을 다녀오지 않았다고 해서 이 같은 정보수집 활동
을 하지 않을 것인가? 그렇다면 더 경쟁력이 떨어질 수밖에 없
지 않을까?

유학을 다녀오지 않았어도, 아침에 국내 일간지를 읽는 직장
인과 〈파이낸셜 타임스 Financial Times〉를 읽는 사람은 다를 수밖
에 없으며, 국내 야간대학을 다니는 사람과 미국 대학의 원격
교육 Distance learning에 바탕한 학위 과정을 수강하는 사람은 같
을 수가 없다. 직장을 구할 때, 한국 구인 사이트만 보는 사람과
외국 사이트에서 한국에서 일할 사람을 찾는 광고를 동시에 보
는 사람 또한 다르다.

단순히 영어를 잘 하고, 못 하고의 문제가 아니다. 우선 그들
이 생각하는 무대가 다르다. 그리고 세계를 자연스럽게 경험하
며 적극적으로 받아들이는 것이다. 우물 안 개구리는 하늘 밖에
못 보지만, 우물 위에 앉아 있는 개구리는 바깥세상에서 뛰지는
못해도, 볼 것은 다 보고 있다. 마침내 우물을 뛰쳐나가야 할 때
우물 안 개구리와 우물 위의 개구리 중 누가 더 가능성이 크겠

는가.

이제 세계화는 나의 선택사항이 아니다. 어떤 개인이 근대화를 취향대로 선택한 것이 아니듯, 세계화는 나의 의사와는 상관없이 내가 살고 있는 세상의 배경과도 같은 것이다.

우물 안에서는 결코 멀리, 결코 높이 뛸 수 없음을 우리는 명심해야 할 것이다.

37

감성적 · 정서적 관계를 모색하라

나의 인생 신조는 일로 즐거움을 삼고,
즐거움을 또한 나의 가장 큰 일로 삼는 것이다.
– 아알론 바

 자신의 취미를 가진 직장인이 얼마나 될까?

은행 부지점장으로 일하고 있는 구 차장의 취미는 음반과 오디오다. 그는 자신의 승용차보다 비싼 오디오를 구비해 놓고, 주말이면 음반 벼룩시장을 헤맨다. 그가 오디오와 음반이나 음악에 대해서 이야기를 할 때면 말 그대로 얼굴에 생기가 돈다. 그저 그의 말을 다 이해해 주지 못하는 것이 미안할 뿐이다. 취미가 통하는 사람을 만나면 서로 음반을 교환해 가며 듣기도 하고, 함께 음반시장을 쏘다니기도 한다. 개중에는 그의 VIP 고객도 포함되어 있다.

나의 취미는 편지 쓰기와 같은 글쓰기였다. 내게는 초등학교 시절부터 고등학교 시절에 이르기까지 1주일에 평균 서너 통의 장문의 편지를 주고받는 친구가 있었다. 일기나 학교 과제의 하나로 종종 주어지는 글쓰기에는 재미를 붙인 적이 없지만, 편지 쓰는 일은 나의 유일안 낙이요, 취미였다. 지금도 스트레스가 쌓일 때면 글로써 그 풀이를 한다. 물론 저장을 하지 않을 때도 많다. 그래도 그렇게 글로 쭉 풀어놓고 나면 속이 후련해진다. 그러나 어쩌다 보니 글 쓰는 것이 내 직업의 일부가 되었다.

태어날 때부터 일만 평생하고 살았을 것 같은 사람들 중에는 의외로 전문적인 취미를 가진 사람들이 많다. 아인슈타인은 바이올린 연주에 수준급 실력을 자랑했고, GE코리아 이채욱 사장은 자신의 명함에 '화가' 라는 직책을 하나 더 새겨넣고 다닌다. 즉 자신이 좋아하는 취미까지 희생시켜 가며 일하거나 몰두해야만 성공 직장인이 되는 것은 아니다.

육체노동이 주를 이루던 시대에는 '여가' 라는 자유시간을 대부분 편히 쉬는 데에 할애했다. 하지만 요즘은 주로 정신노동을 한다. 이는 아무것도 안 하고 가만히 쉰다고 해서 해결될 일이 아니다. 적극적으로 자신이 즐거움을 느끼는 활동을 할수록 삶의 활력도 생기고, 일에 대한 부담도 효과적으로 덜어낼 수 있다.

'여가'는 미국 경력개발협회에서 커리어의 정의에도 포함시키는 매우 중요한 항목이다. 자신의 여가를 어떻게 꾸려나가는지도 경력 개발에 중요한 부분이라는 의미다. 그리고 이에 대해서는 30대에는 그 비중을 작게 두게 되지만, 나이가 들수록 인생에 있어서 비중이 커지기 때문에 미리미리 준비를 해두어야 하는 부분이기도 하다. 많은 사람들이 여행을 대표적 여가활동으로 꼽는다. 하지만 젊어서 갈 수 있는 여행지가 있는가 하면 나이 들어 순례하면 더욱 좋은 곳도 있다.

그리고 여행에는 상당한 경비가 소요됨을 알고 미리 대책을 세워두어야 한다.

물론 나이 들어서 시간이 많아지면 그 때 고민해 보자고 생각할 수 있겠지만, 대부분의 여가 활동이 돈이 든다는 차원에서, 그에 대한 경제적 대비도 미리미리 해두어야 한다는 것이다. 직장을 나가는 것도 아니고, 뾰족이 할 일이 있는 것도 아닌데, 취미도 없다는 것은 생각보다 끔찍한 일이다. 하다못해 바둑이라도 둘 줄 알아야 노인정에서 시간을 보낼 수 있다.

몸치인 내 동생이 회사에 들어가더니 대학시절에도 관심 없던 춤을 춘단다. 회사의 힙합 동호회에 가입을 하고, 주말마다 댄스 레슨을 받고 회사 강당에서 발표회까지 가졌다. 인생에는 생각보다 재미있는 일이 많은 것 같다.

계속 반복되지만 우리가 직장을 다니고, 성공을 거두는 것이 우리의 아름다운 청춘을 희생시킨 대가여서는 안 된다. 젊었을 때 시작한 여가활동과 취미활동을 오랫동안 향유할 수 있을 때 얻는 기쁨 또한 우리 삶의 중요한 부분이다.

직장생활을 하다 보면, 주변 사람들과 감성적 · 정서적 관계보다는 이성적 · 논리적 관계를 맺게 마련이다. 따라서 그 관계는 한쪽에 치우친 기형적 관계로 전락하기가 쉽다. 직장 선후배들과 감성적 · 정서적 관계를 맺을 수 있는 방안을 한번 모색해 보라. 취미를 나누고 즐거움을 나눌수록 성과는 높아진다. 어디 그뿐이랴. 직장생활 전체에 걸쳐 화색이 돌게 될 것이다.

복잡한 만원버스와 지하철에 시달리면서도, 출퇴근이 한결 즐거워진다.

앞으로 10년은 목표를 꽃피우는 시기다

스포츠를 좋아하다가 스포츠 기자가 되어버린 방송사 보도국 9년차 한성윤(35) 기자는, 이제 야구에 관해서는 국내 최고라는 평을 듣는다. 자신이 좋아하는 것을 업으로 삼은 사람의 직장생활은 어떤지 들어보자.

1. **직장을 왜 다니는가?**

   돈 벌러 다닌다. 하지만 더 중요한 것은 자아실현이 아닐까 싶다. 원래 스포츠를 굉장히 좋아했고, 어릴 때부터 생각하던 몇 개의 장래희망 중 하나다. 내가 하는 일을 정말로 좋아하고, 재미있어 한다. 사람들이 재미있어 하는 일을 맨 앞에서 체험하고 있다. 사람들이 만나고 싶어하는 사람들을 만날 수 있는 것도 그렇다. 동경의 대상이던 유명 선수들과 동등 그 이상의 관계로 만날 수 있는 게 좋다.

2. **취미를 직업으로 삼은 것에 장단점이 있을 것 같다.**

   물론 다른 일을 하는 것보다 훨씬 일이 재미가 있다. 대학 시절, 복잡한 야구장에서 줄 서서 표를 끊으려다가 지갑을 잃어버려 난리가 난 적이 있다. 그때 표를 끊지 않고 기자석으로 들어가는 스포츠 기자들을 부러워했었다. 하지만 지금 내 생각은 경기는 자기 돈을 내고 봐야 한다는 것이다. 기자가 되면서 스포츠를 제대로 즐기기가 어려워진 것이 가장 안타깝다. 일례로, 2002년 월드컵 당시 대 이탈리아 전에 설기현 선수가 동점골을 넣었을 때 전세계가 열광했지만, 기자실은 말 그대로 폭탄을 맞은 분위기였다. 경기가 끝나면서 바로 화면과 기사가 나가야 하기 때문에 경기가 진행되면서 다 준비를 하는데, 그런 역전 드라마는 그간 준비해 놓은 것을 무위로 돌아가게 하고, 새로이 편집을 하고, 기사를 써야 하기 때문에 굉장한 부담을 준다. 9회 말 역전 홈런. 기자들은 괴롭다. 지금은 영화를 스포츠보다 10배쯤 더 좋아한다.

3. 가장 보람을 느끼는 일은 어떤 것인가?

기자는 뭐니뭐니해도 특종을 낼 때 가장 기쁘다. 또한 내 기사로 다른 사람들을 돕거나 인식을 전환시킬 수 있을 때 가장 큰 보람을 느낀다. 프로 팀이 아닌 이른바 비인기 종목 팀이 여러 가지 환경 때문에 해체될 수밖에 없었을 때 이를 기사화함으로써 여론이 형성되었고, 결국에는 팀이 유지될 수 있었다.

4. 일을 하면서 갈등을 겪는 부분이 있는가?

아무래도 우리의 접대문화다. 기자들은 일의 특성상 접대를 받을 수 있는 부분이 굉장히 많다. 하지만 나는 그렇게 하고 싶지 않기 때문에 다른 기자들에게 한소리씩 듣기도 하는데, 은근히 스트레스를 받는다. 접대 골프가 아니라 내가 돈을 많이 벌어서 필드에 나갈 수 있을 때, 그 때 골프를 시작하고 싶다.

5. 이제 근 10년을 지내왔는데, 앞으로 10년의 계획은 무엇인가?

가수 신해철씨가 "음악생활 10년, 이제까지는 견습기간이었다"라는 말을 한 적이 있다. 나도 그런 것이 아닌가 한다. 지금까지의 10년이 견습기간이었다면, 앞으로 10년은 나의 목표가 꽃피우는 시기라 확신한다. 스포츠계의 마이너리티minority를 집중 조명하고 싶다. 비인기 종목이라던가 2군 선수들, 야구복을 입고 있지만 KBO에 등록되어 있지 않은 불펜 포수 등에 대한 세상 사람들의 관심을 끌어내고 싶다.

6. 직장 새내기들에게 조언을 해달라.

3년 안에 무언가를 보여주어야 한다. 3년이 안 되면 30년이 안 된다. 한 번의 기회는 놓칠 수 있다. 하지만 두번째 기회까지 놓치면 기회는 이제 오지 않는다. 그것이 3년이라고 생각한다. 인정받고, 자신의 영역을 확보해야 한다. 그래야만 월급쟁이가 아닌 전문가가 될 수 있다. 꼬박꼬박 나오는 월급에만 안주하다 보면 도태될 수밖에 없다. 아무 일 없이 안정된 직장에 앉아서 월급만 받는다면 그게 무슨 의미가 있겠는가?

38

워커홀릭이 아니라 러브홀릭이 되어라

한 사람도 사랑해 보지 않았던 사람이
인류를 사랑하기란 불가능하다.
— H. 입센

누군가 내게 물었다.

"아이 생기면 좋아요?"

"네."

"어떻게요?"

"왜 사랑하면 기분이 매우 좋아지잖아요. 늘 기분 좋고 신나고, 아무것도 안 해도 그 사람 생각하고 있으면 행복해지고, 지루하지도 않고…. 그 사람이 아무것도 안 해줘도 좋고요. 그런 상태가 몇 년이고 계속 된다고 보시면 돼요. 게다가 꽤 오랜 기간 동안은 그 사람에게 바라는 것도 없으니까 더 좋죠."

사랑을 해본 사람이라면 사랑이라는 것이 얼마나 축복된 감정인지 알 것이다. 불행한 것은, 남녀 간의 사랑은 그다지 오래 지속되지 않는다는 것이다. 얄궂은 심리학자들은 사랑의 유효 기간이 2년이라고 주장한다. 사랑하는 동안 분비되는 호르몬이 2년이 지나면 분비가 되지 않기 때문이라고 한다. 불같이 사랑하던 사람들도 결혼을 하게 되면 서로 소 닭 보듯 하는가 하면, 반대하는 결혼 기껏 해놓고 또다시 말리는 이혼을 하기도 한다. 서로가 서로에게 정착하는 게 싫어서 결혼하지 않고 동거만 10년째 하고 있다던 미국 친구의 상황이 결혼을 하고 나니 이해가 가기도 한다.

직장생활에서도 긴장감을 갖고 임해야 성공한다고 하듯이 결혼생활이나 가족들과의 관계 또한 어느 정도의 긴장감을 갖지 않으면 안 된다. 부장이 회사생활 20년 했다고 긴장을 풀고, 회사에서 양말 벗고 의자에서 책상다리 하고 일을 하거나, 부하직원들을 하대하며 약속을 마구 어기는 시대는 갔다. 물론 아직 일부 회사에서는 임원들이 낮술을 먹고 일하는 곳도 있다고는 하지만, 이런 회사에서 배울 수 있는 유일한 점은 '그렇게 하면

망한다'는 것이다.

가족관계도 예전의 엄격한 가부장제도에서 많이 바뀌었다. 여전히 불평등한 성역할이 존재하지만, 서로 존중하지 않는 부부관계는 이제 지속되기가 어렵다. 각종 매체에서는 진짜인지, 연출인지 알 수 없는 이상적이고 평등하며 행복한 가정을 수시로 보여준다. 여성들이 주로 보는 아침 프로그램은 대부분 연예인들의 금슬 자랑의 장이 되곤 한다.

하지만 이것이 여성들의 지위나 가정에서의 역할에만 영향을 미치는 것은 아니다. 점점 핵가족화되고, 남녀평등을 강조하며 서구화되어 가고 있다. 언뜻 보면 여권신장에, 남성들은 점점 불리해지는 것만 같다. 하지만 이런 가정에서 남성도 수혜를 받는 부분이 있다. 앞에서 말한 '사랑'을 느낄 수 있다는 것이다. 이제 젊은 아빠들은 아이의 기저귀를 갈아주기도 하고, 목욕도 시킬 줄 알며, 아기 띠를 메고 외출도 한다. 아이들도 아빠에 대한 정을 키울 수 있고, 아빠들도 아이들의 사진을 갖고 다니며 동료들에게 자랑도 한다.

마누라 자랑, 자식 자랑은 팔불출이라고 꺼리던 우리 아버지 세대와는 달리 가족들에 대한 사랑을 뽐내면 뽐낼수록 능력 있

❝ 가족 사랑에 빠져 사는 러브홀릭이 돼라.
사랑 때문에 가족 모두가 얼마나 행복하겠는가. ❞

는 사람으로 비친다. 심지어 아버지 세대의 부부동반 모임에서 만난 오누이 같은 부부는 정말 부럽지 않을 수 없다. 사람들은 대부분 이제 퇴근 후나, 주말에 혼자서 잠을 자거나 낚시를 가는 것이 아니라 가족들과 함께 가까운 공원에라도 놀러가는 사람에게 더 많은 점수를 주기에 이르렀다.

미국이나 유럽에 가보면 젊은 부부는 물론 중년이나 황혼에 이른 부부들도 손을 잡고 산책을 하고, 수시로 입을 맞추고, 서로 음식을 떠먹여주는 광경 등을 자주 발견할 수 있다. 저런데 어떻게 그토록 이혼율이 높을까 싶지만, 그들은 이혼을 하기 전까지는 최선을 다해 서로에 대한 애정을 표현하고 확인하며 행복하게 사는 듯하다.

일하느라 힘들고, 집에 가면 아무것도 안 하고 싶을 수도 있다. 하지만 연구결과로도 나온다. 더 많은 스킨십과 애정의 표현을 하는 사람들이 더 건강하게 산다고. 배우자와 아이들에게 좀더 자주 사랑한다고 말하고, 자주 안아주고, 자주 입 맞추고, 현찰 대신 편지와 카드도 주고받으며, 로맨틱한 선물도 건네보자. 괜한 데 헛돈 쓴다고 잔소리를 하겠지만, 그 돈은 결코 헛돈이 아닐 것이다. 그로 인해 가족 모두가 얼마나 오랫동안 행복할 수 있을까 따져본다면 말이다.

39
자녀에게 투자하라

가정의 단란함이 이 세상에서 가장 빛나는 기쁨이다.
그리고 자녀를 보는 즐거움은 사람의 가장 거룩한 즐거움이다.
-페스탈로치

일찍 남편을 여의고 시장에서 작은 반찬가게를 하며 홀로 남매를 키워온 할머니가 이제는 장사를 그만둔다고 한다. 대기업에서 자리잡은 아들과 약사가 된 딸은 시장에서 장사를 하는 어머니만 보면 가슴이 아리다. 하지만 어머니는 아들 딸 자랑하는 맛에 시장에 나온다고 한다.

"이제 나한테 무슨 큰돈이 필요하겠어. 그냥 내 용돈이나 벌려고 했는데, 자식들 때문에 이제 장사 그만두려고 해" 하시는 할머니의 미소가 참으로 부럽다.

우리가 노년을 잘 보내자면 자식을 독립할 나이에 제대로 독립을 시키는 것이 필요하다. 아이를 얼마나 주체적이고 독립적으로 키웠느냐에 따라서 대학 보내고, 용돈 주고, 차 사주고, 집 사주느라 등골 휘는 노년을 보내게 될지, 자식 덕에 하하 호호 하며 해외여행 다니는 노년을 보내게 될지가 결정된다.

맞벌이를 하는 강 차장은 잘나가는 박사급 인력이다. 그녀의 남편 또한 대기업 연구원이다. 그녀는 최근에 억대 연봉의 직장을 그만두었다. 이유는 두 아이들 때문이었다. 큰아이는 지나친 말썽꾸러기로 몸에 크고 작은 상처가 가실 날이 없고, 몇 년째 단 한 번도 숙제를 해간 적이 없다고 한다.

엄마는 늘 숙제가 없다는 아들의 말을 믿었고, 특이한 학교라고 생각했다. 게다가 이제는 덩치까지 커져서 엄마가 때려서 가르칠 수도 없는 노릇이고, 남에게 더 이상 맡길 수도 없고, 작은 아이도 그렇게 될까 봐 회사를 그만두고 아이들을 돌보기로 결심했다.

김 과장은 아이를 하나만 낳기로 했다. 다른 많은 부부처럼 그들 또한 하나라도 제대로 잘 키워보고자 했던 심산이다. 그래서 그들은 아이가 학교 들어갈 나이가 되면 강남으로 이사 갈

계획으로 재테크에도 열을 올리고 있다. 전업주부인 아내는 자신들 인생의 가장 중요한 결실인 아이를 위해 무척 바쁘다. 그리고 영재교육에서부터 한 달 수강료 수십만 원에 달하는 특수교육에 이르기까지 투자를 아끼지 않았다. 아이가 교육 효과를 보이지 않을 때는 더 많은 돈을 들이는 교육을 계속 시켰다. 엄마가 영어를 잘 해야 아이가 영어를 잘 하게 된다고 해서, 최근엔 영어를 배우러 다니기도 했다. 하지만 최근 그들은 아이가 좀 이상하다는 느낌을 갖게 되었다.

혹시나 하는 마음에 그들은 아이를 데리고 소아정신과를 찾았다. 아이의 상태는 매우 심각했다. 아이는 심한 우울증, 정서불안, 언어발달 장애, 게다가 엄마 아빠에 대해 심한 분노까지 나타냈다.

장기간에 걸친 치료가 요구된다는 진단을 받았다. 그들은 충격에 빠지지 않을 수 없었다. 그들이 노력을 하면 할수록 아이는 점점 더 나빠지고 있었던 것이다.

반드시 그런 건 아니지만, 이런 문제는 여성들의 커리어에 직접적인 영향을 미친다. 하지만 어디 자식 잘 되는 데 책임과 그 감정적인 문제들이 여성의 문제이기만 할까. 부모에게 자녀는 아킬레스건과도 같은 존재다.

따라서 자식 농사 잘 짓는 것이 나를 위하는 길이다. 수많은 쟁쟁한 인물들이 고위공직자 인사청문회에서 다른 비리에는 꿈쩍 않다가, 자식과 관련된 이야기가 나오면 곧바로 사의를 표명하는 것을 우리는 봐오지 않았던가.

　자녀에게 투자해야 할 것은 절대로 돈이 아니다. 사랑과 관심, 그리고 그들을 잘 키우기 위해 늘 공부하고, 본을 보이는 태도다. 아빠는 늘 TV나 신문을 끼고 밥 먹으면서 아이에게 밥 먹는 데 집중하라고 할 수 없고, 엄마는 늘 아이들 약속을 지키지 않으면서—뭐 사준다고 하고 안 사주는 일 등은 아이에게는 심각한 배신행위이며, 성장해서도 사람을 믿지 못하는 현상을 가져온다—아이가 거짓말을 하거나 엄마 말을 안 듣고 약속을 어기는 것을 탓해선 안 된다.

　사람들은 일을 잘 하기 위해 많은 공부를 하고 책을 읽는다. 하지만 아이들은 낳아놓으면 끝이라고 생각을 하는 부모가 많다. 아주 어렸을 때, 동네에 거짓말을 하는 아이가 있었다. 친구들은 그 아이의 거짓말이 싫어서 그와 놀아주지 않았고, 그 친구는 자신의 잘못을 사과한 후 다시는 그러지 않았고, 친구들은 다시 그를 받아주었다. 어른이 개입하지 않았다. 하지만 이제는 형제도, 하루 종일 붙어사는 동네 친구도 없으니, 이 역할을 부모들이 해야 한다.

또 부모는 모두 아이가 공부를 잘 하기를 바란다. 그래서 돌도 채 안 된 아이를 위해 100만 원이 넘는 교육교재를 사들이고, 각종 학습지 선생님을 붙이고, 학원에 보낸다. 하지만 《아이는 99% 엄마의 노력으로 완성된다》는 책을 쓴 장병혜 박사는 과외 공부 한번 안 시키고 자신이 공부하는 모습을 보임으로써, 학습 장애가 있는 아이까지 모두 아이비리그에 합격시켰다.

얼마 전 옆집에 딸아이와 동갑내기가 이사를 왔다. 잠시 집에 들어와서 놀라고 했고, 아이에게 '친구가 놀러 왔으니 재미있게 해주라'고 했다.

그 아이가 한번 재미없다고 돌아갔었던 터라, 우리 아이는 필살기를 동원해야만 했다. 딸아이는 동화책을 읽어주고 '작업'을 한다며 스케치북에 그림을 그려주고, '공부'하자며 연필로 공책에 알 수 없는 글자를 써댄다. 네 살배기 우리 아이는 아직 한글은커녕 숫자도 잘 모른다. 하지만 맨날 엄마 아빠가 번갈아가며 문 걸어 잠그고 하는 '작업'과 '공부'가 아이에겐 가장 재미있어 보였던 게다.

비싼 학원, 비싼 학습지가 아이의 공부 습관을 만들어주지 않는다. 그리고 돈이 엄마 아빠의 사랑을 대신하지 않는다. 아이는 사랑받고, 인정받고, 이해받고 싶어한다. 그것만 잘 해주어도 노후에 자식 걱정을 덜 수 있다. 월급이 사라지는 노후를 진정으로 생각한다면 재테크가 우선이 아니라, 내 가족을 건사하는 것이 가장 먼저다.

직장인 10년차

지은이 | 김현정
펴낸이 | 김경태
펴낸곳 | 한국경제신문 한경BP

제1판 1쇄 발행 | 2005년 6월 30일
제1판 4쇄 발행 | 2006년 10월 20일

주소 | 서울특별시 중구 중림동 441
기획출판팀 | 3604-553~6
영업마케팅팀 | 3604-561~2, 595 FAX | 3604-599
홈페이지 | http://bp.hankyung.com
전자우편 | bp@hankyung.com
등록 | 제 2-315(1967. 5. 15)

ISBN 89-475-2534-0
값 11,000원